国家职业技能等级证书评价改革培训教材·汽车维修工

汽车维修检验工

（五级、四级、三级）

广州市交通运输职业学校　组织编写
广州市机动车维修行业协会
张　发　张东燕　主　编

人民交通出版社股份有限公司

北京

内 容 提 要

本书为"国家职业技能等级证书评价改革培训教材·汽车维修工"之一。全书共七个项目，内容包括汽车维修质量管理认知，汽车维修质量检验常用工具、仪器及使用，汽车维护工艺质量检验，汽车发动机维修质量检验与评定，新能源汽车动力系统维修质量检验与评定，汽车底盘维修质量检验与评定，汽车电器维修质量检验与评定。

本书可作为汽车维修检验工职业技能等级评定培训、企业培训教材，也可作为职业学校教学用书。

图书在版编目(CIP)数据

汽车维修检验工：五级、四级、三级/张发，张东燕主编.—北京：人民交通出版社股份有限公司，2023.4

ISBN 978-7-114-18486-4

Ⅰ.①汽… Ⅱ.①张… ②张… Ⅲ.①汽车—车辆维修 Ⅳ.①U472.32

中国版本图书馆 CIP 数据核字(2022)第 256217 号

Qiche Weixiu Jianyangong (Wuji、Siji、Sanji)

书　　名：	汽车维修检验工（五级、四级、三级）
著 作 者：	张　发　张东燕
责任编辑：	张越垚
责任校对：	孙国靖　卢　弦
责任印制：	张　凯
出版发行：	人民交通出版社股份有限公司
地　　址：	(100011)北京市朝阳区安定门外外馆斜街 3 号
网　　址：	http://www.ccpcl.com.cn
销售电话：	(010)59757973
总 经 销：	人民交通出版社股份有限公司发行部
经　　销：	各地新华书店
印　　刷：	北京市密东印刷有限公司
开　　本：	787×1092　1/16
印　　张：	11.75
字　　数：	272 千
版　　次：	2023 年 4 月　第 1 版
印　　次：	2023 年 4 月　第 1 次印刷
书　　号：	ISBN 978-7-114-18486-4
定　　价：	37.00 元

(有印刷、装订质量问题的图书，由本公司负责调换)

国家职业技能等级证书评价改革培训教材·汽车维修工
编写委员会

主 任 委 员　姚卫红　张志勤
副主任委员　谭宇新　张燕文　巫兴宏　肖泽民
委　　　员　（按姓氏笔画排序）
　　　　　　　王　锋　王婷婷　艾　刚　代　军　冯明杰　宁英毅
　　　　　　　朱伟文　刘　戈　刘玉茂　刘健烽　李大广　李贤林
　　　　　　　肖伟坚　肖泽民　何　才　余程刚　沈洪涛　张东燕
　　　　　　　张　发　张光严　张会军　张润强　张锦津　陈楚文
　　　　　　　胡锡锑　胡源卫　黄小镇　黄鸿涛　梁焰贤　揭光明
　　　　　　　谢　明　蔡楚花　熊　汉

前 言

为响应国务院关于深化"放管服"的工作要求和推进国家职业资格制度改革,将技能人员水平类评价由政府许可改为实行社会化职业技能等级认定,便于汽车维修从业人员持续学习和考取相应的职业技能等级证书,促进汽车维修行业从业人员的技能提升,广州市交通运输职业学校与广州市机动车维修行业协会联合编写了"国家职业技能等级证书评价改革培训教材·汽车维修工"系列培训教材共6册,分别是《汽车机械维修工(五级、四级、三级)》《汽车电器维修工(五级、四级、三级)》《汽车车身整形修复工(五级、四级、三级)》《汽车车身涂装修复工(五级、四级、三级)》《汽车维修检验工(五级、四级、三级)》《汽车美容装潢工(五级、四级)》。

本系列培训教材以《国家职业技能标准——汽车维修工》(2018年版)为依据,以汽车售后服务企业岗位群的职业能力需求为导向,结合当下汽车产业发展趋势和汽车维修行业新技术、新规范、新工艺、新材料编写而成。

本系列教材编写过程中对接行业和知名汽车厂商的技术标准,根据汽车维修工工作岗位技能和知识要求,整合成典型工作任务。在内容上明确任务适用级别,图文并茂阐述专业知识,用表格形式规范任务操作过程,并客观评价任务完成质量,从而满足汽车维修岗位从业人员职业技能等级证书培训和认证需求,亦满足从业人员的继续教育学习需求。

本书是国家职业技能等级证书评价改革培训教材之一,由广州市交通运输职业学校张发、张东燕主编,广州市交通运输职业学校张锦津、宁英毅、刘玉茂、蔡楚花、张润强,济南市工业学校代军,广州市机动车行业维修协会刘戈参与编写。其中,刘玉茂编写项目一,张东燕编写项目二,代军编写项目三,蔡楚花、张润强编写项目四,张发、刘戈编写项目五,宁英毅编写项目六,张锦津编写项目七,全书由张发、张东燕统稿。广州巴士集团有限公司修配一厂张光严、广州永佳丰田汽车销售服务有限公司林烨臻等企业专家对本书的编写给予了技术支持。

由于编者学识和水平有限,书中难免有不妥之处,恳请使用本教材的老师和学生批评指正。

编 者
2022年12月

目 录

项目一　汽车维修质量管理认知 ·· 1
　　任务1　汽车维修质量管理法律法规认知(五级、四级、三级) ································· 1
　　任务2　汽车维修质量检验标准查询(五级、四级、三级) ······································· 6
　　任务3　汽车维修检验工岗位认知(五级、四级、三级) ·· 19
项目二　汽车维修质量检验常用工具、仪器、设备及其使用 ······································· 26
　　任务1　常用工具及其使用(五级、四级、三级) ·· 26
　　任务2　常用仪器设备及其使用(五级、四级、三级) ·· 37
项目三　汽车维护工艺质量检验 ·· 49
　　任务1　汽车一级维护作业质量检验与评定(五级) ··· 49
　　任务2　汽车二级维护作业质量检验与评定(四级) ··· 59
项目四　汽车发动机维修质量检验与评定 ·· 76
　　任务1　汽车发动机维修质量检验与评定(四级) ·· 76
　　任务2　汽车发动机维修质量检验与评定(三级) ·· 89
项目五　新能源汽车动力系统维护与维修质量检验与评定 ······································ 104
　　任务1　新能源汽车动力系统维护质量检验与评定(四级) ································· 104
　　任务2　新能源汽车动力系统维修质量检验与评定(三级) ································· 111
项目六　汽车底盘维修质量检验与评定 ·· 121
　　任务1　汽车底盘维修质量检验与评定(四级) ·· 121
　　任务2　汽车底盘维修质量检验与评定(三级) ·· 133
项目七　汽车电器维修质量检验与评定 ·· 146
　　任务1　汽车电器检修质量检验与评定(四级) ·· 146
　　任务2　汽车电器检修质量检验与评定(三级) ·· 157
模拟试题 ·· 168
参考文献 ·· 180

项目一　汽车维修质量管理认知

项目描述

汽车维修是一项技术性很强的工作,汽车维修质量既关乎安全也关乎用车体验。为保证维修质量,汽车维修企业与维修人员必须严格遵照执行国家和汽车维修行业有关汽车维修质量管理的法律法规、规章和标准,汽车维修过程中必须有严格的技术规范和操作规程,以及修理质量检查评定标准。

本项目以保证和提高汽车维修质量为宗旨,分别从汽车维修质量管理法律法规认知、汽车维修质量检验标准查询以及汽车维修检验工岗位认知三个方面介绍汽车维修质量管理的有关内容。

任务1　汽车维修质量管理法律法规认知(五级、四级、三级)

▶ 建议学时:2学时

一、知识要求

1. 能叙述机动车维修质量管理职责。
2. 能列举三条机动车维修质量管理制度。

二、技能要求

1. 能查询汽车维修质量管理相关标准。
2. 能查询《机动车维修管理规定》中法律责任的有关条款。

任务准备

一、机动车维修质量管理职责

中华人民共和国交通运输部以交通运输部令2021年第18号文的形式颁布了第四次修正后的《机动车维修管理规定》,该规定明确了机动车维修经营者在机动车维修质量管理中的主要职责,部分条款见表1-1。

机动车维修经营者在维修质量管理中的主要职责　　　表1-1

质量管理	主 要 职 责
汽车维修经营者	第三十一条　机动车维修经营者对机动车进行二级维护、总成修理、整车修理的,应当实行维修前诊断检验、维修过程检验和竣工质量检验制度。承担机动车维修竣工质量检验的机动车维修企业或机动车综合性能检测机构应当使用符合有关标准并在检定有效期内的设备,按照有关标准进行检测,如实提供检测结果证明,并对检测结果承担法律责任。 第三十二条　机动车维修竣工质量检验合格的,维修质量检验人员应当签发《机动车维修竣工出厂合格证》;未签发机动车维修竣工出厂合格证的机动车,不得交付使用,车主可以拒绝交费或接车。 第三十三条　机动车维修经营者应当建立机动车维修档案,并实行档案电子化管理。维修档案应当包括:维修合同、维修项目、维修人员及维修结算清单等。对机动车进行二级维护、总成修理、整车修理的,维修档案还应当包括:质量检验单、质量检验人员、竣工出厂合格证(副本)等。 第三十六条　机动车维修实行竣工出厂质量保证期制度。汽车和危险货物运输车辆整车修理或总成修理质量保证期为车辆行驶20000公里或者100日;二级维护质量保证期为车辆行驶5000公里或者30日;一级维护、小修及专项修理质量保证期为车辆行驶2000公里或者10日。质量保证期中行驶里程和日期指标,以先达到者为准。机动车维修质量保证期,从维修竣工出厂之日起计算。 第三十七条　在质量保证期和承诺的质量保证期内,因维修质量原因造成机动车无法正常使用,且承修方在3日内不能或者无法提供因非维修原因而造成机动车无法使用的相关证据的,机动车维修经营者应当及时无偿返修,不得故意拖延或者无理拒绝。在质量保证期内,机动车因同一故障或维修项目经两次修理仍不能正常使用的,机动车维修经营者应当负责联系其他机动车维修经营者,并承担相应修理费用。 第三十八条　机动车维修经营者应当公示承诺的机动车维修质量保证期。所承诺的质量保证期不得低于第三十六条的规定。 第四十四条　建立机动车维修经营者和从业人员黑名单制度,县级道路运输管理机构负责认定机动车维修经营者和从业人员黑名单,具体办法由交通运输部另行制定

二、汽车维修质量管理制度

为贯彻汽车维修质量管理方针和目标,质量管理部门或企业质量管理机构依据有关法规、标准制定的管理规章,称为汽车维修质量管理制度,见表1-2。

汽车维修质量管理制度　　　表1-2

相关制度	有 关 要 求
1.汽车维修质量检验人员的培训、考核及持证上岗制度	汽车维修生产中配备合格的质量检验员是汽车维修质量的根本保证。交通运输部规定,质量检验员通过培训、考核和取得汽车维修质检员证,方可上岗。维修车辆只有通过专职检验员的检验合格,并签发机动车维修竣工出厂合格证才算有效,否则视为无效。道路运输管理机构要加强对质量检验员的管理和检查,对责任心不强、弄虚作假者要及时批评、教育,对屡教不改或不称职的检验员要严肃处理,吊扣其检验员上岗证及质检人员编号章
2.汽车维修质量检验制度	汽车维修质量检验是一项广泛的、经常性的工作。汽车维修质量检验应以汽车维修企业自检为主,实行专职人员检验与维修工人自检、互检相结合的检验制度;道路运输管理机构以定期或不定期的形式对汽车维修企业的维修质量进行抽查,以加强日常的监督管理工作

续上表

相关制度	有关要求
3.汽车维修配件、辅助原材料检验制度	随着汽车维修业和汽车配件行业的发展,汽车维修方式广泛采用了换件修复的方式,具有高效、可靠以及标准化的特点。因此,配件供应在维修过程所占的地位十分重要,配件的质量关系到维修的质量。 《机动车维修管理规定》第六章第五十一条规定:违反本规定,机动车维修经营者使用假冒伪劣配件维修机动车,承修已报废的机动车或者擅自改装机动车的,由县级以上道路运输管理机构责令改正;有违法所得的,没收违法所得,处违法所得2倍以上10倍以下的罚款;没有违法所得或者违法所得不足1万元的,处2万元以上5万元以下的罚款,没收假冒伪劣配件及报废车辆;情节严重的,由县级以上道路运输管理机构责令停业整顿;构成犯罪的,依法追究刑事责任
4.计量管理制度	计量管理是对汽车维修、检验过程中所用计量器具、检测仪器的管理。计量器具、检测仪器失准,维修质量就得不到保证。所以,必须严格执行计量器具定期鉴定,以保证计量的准确性
5.汽车维修档案制度	机动车维修经营者应当建立机动车维修档案,实行档案电子化管理。维修档案应包括维修合同(托修单)、维修项目、维修人员及维修结算清单等。对于机动车进行二级维护、总成修理、整车修理的,维修档案还应包括质量检验单、质量检验人员、竣工出厂合格证(副本)等。机动车维修经营者应按规定如实填报、及时上传承修机动车的维修电子数据记录至国家有关机动车维修电子健康档案系统
6.竣工出厂合格证制度	维修竣工质量检验合格的机动车,维修质量检验人员应签发机动车维修竣工出厂合格证;未签发机动车维修竣工出厂合格证的机动车,不得交付使用,车主有权拒绝交费或接车
7.质量保证期制度	机动车维修实行竣工出厂质量保证期制度。 汽车和危险货物运输车辆整车修理或总成修理的质量保证期为车辆行驶20000km或者100日;二级维护的质量保证期为车辆行驶5000km或者30日;一级维护、小修及专项修理的质量保证期为车辆行驶2000km或者10日。 质量保证期中行驶里程和日期指标,以先到者为准。机动车维修质量保证期,从汽车维修竣工出厂之日起计算

一、实训资源

(1)实训场地:多媒体信息培训室。
(2)实训设备:计算机1台。
(3)工具耗材与设备:配置网络、在线图书馆。

二、安全注意事项

(1)操作人员应遵守《中华人民共和国网络安全法》。
(2)请在交通运输部、中国汽车维修行业协会等官网查询权威资料。

三、操作过程

1.查询汽车维修质量管理相关标准

汽车维修质量管理相关标准可分为国家标准、行业标准、地方标准和团体标准。本节主要介绍有关国家标准和行业标准。

请查询以下汽车维修质量管理相关标准,完成表1-3。

汽车维修质量管理相关标准　　　　　　　　　　表1-3

标准类别	内容介绍
国家标准	1.《汽车维护、检测、诊断技术规范》(GB/T 18344) 本标准规定了汽车维护的分级和周期、维护作业要求以及质量保证。本标准适用于以(　　)或(　　)为燃料的在用汽车,挂车可参照执行。 2.《机动车运行安全技术条件》(GB 7258) 本标准规定了机动车的整车及主要(　　)、(　　)装置等有关运行安全的基本技术要求,以及消防车、救护车、(　　)和警车及残疾人专用汽车的用加要求。 3.《汽车维修质量检查评定方法》(GB/T 15746) 本标准规定了汽车修理质量检查的评定要求及评定规则,适用于对汽车整车、(　　)及(　　)质量的行业检查。 4.《机动车维修从业人员从业资格条件》(GB/T 21338) 本标准规定了机动车维修技术负责人、(　　)、机动车维修价格结算员和(　　)等从业人员的岗位职责、任职资格等要求。 5.《机动车维修管理规定》(交通运输部令2021年第18号) 为规范机动车维修经营活动,维护机动车维修市场秩序,保护机动车维修各方当事人的合法权益,保障机动车运行安全,保护环境,节约能源,促进机动车维修企业的健康发展,根据《中华人民共和国道路运输条例》及有关法律、行政法规的规定,制定本规定
行业标准	1.《机动车排放定期检验规范》(HJ 1237) 本标准规定了机动车排放检验机构的检验系统组成与技术要求、日常运行和维护要求、标准物质、检验技术要求、数据记录及(　　)、(　　)保证等内容。 2.《机动车维修服务规范》(JT/T 816) 本标准规定了机动车维修服务的基本要求,以及维修服务流程服务质量管理全管理环保管理等要求。 本标准适用于从事汽车(　　)维修、综合小修和专项维修的机动车维修经营者,其他机动车维修经营者可参照使用。 3.《检验检测机构资质认定能力评价 检验检测机构通用要求》(RB/T 214) 本标准规定了对检验检测机构进行资质认定能力评价时,在机构、(　　)、场所环境、(　　)、管理体系方面的通用要求。 本标准适用于向社会出具有证明作用的数据、结果的检验检测机构的资质认定能力评价,也适用于检验检测机构的自我评价。 4.《汽车防抱死制动系统检测技术条件》(JT/T 510) 本标准规定了具有防抱制动装置的汽车制动系统的技术要求和检测方法。本标准适用于在公路及城市道路上行驶的(　　)汽车。 5.《汽车空调制冷剂回收、净化、加注工艺规范》(JT/T 774) 本标准规定了汽车空调制冷剂回收、净化和加注作业的基本条件、工艺过程及流程、工艺要求以及制冷剂储存和处理。本标准适用于汽车维修行业汽车空调制冷剂的回收、净化和加注作业

2.查询《机动车维修管理规定》

《机动车维修管理规定》(交通运输部令2021年第18号)第六章对违反机动车维修管理规定作了相关法律责任的规定,请查询相关规定,完成表1-4。

《机动车维修管理规定》法律责任相关条款　　　　　　　　　　　表1-4

违反条款类别	条款内容	查询记录
1. 未按规定备案	第四十九条　违反本规定,从事机动车维修经营业务,未按规定进行备案的,由(　)级以上道路运输管理机构责令改正;拒不改正的,处(　)元以上2万元以下的罚款	□县　2000 □县　5000 □市　2000 □市　5000
2. 不符合经营业务标准	第五十条　违反本规定,从事机动车维修经营业务不符合国务院交通运输主管部门制定的机动车维修经营业务标准的,由县级以上道路运输管理机构责令改正;情节严重的,由(　)以上道路运输管理机构责令停业整顿	□县级 □市级 □省级
3. 使用假冒伪劣配件	第五十一条　违反本规定,机动车维修经营者使用假冒伪劣配件维修机动车,承修已报废的机动车或者擅自改装机动车的,由县级以上道路运输管理机构责令改正;有违法所得的,没收违法所得,违法所得2倍以上(　)以下的罚款	□3倍 □5倍 □8倍 □10倍
4. 签发虚假合格证	第五十二条　违反本规定,机动车维修经营者签发虚假机动车维修竣工出厂合格证的,由县级以上道路运输管理机构责令改正;有违法所得,处以违法所得2倍以上10倍以下的罚款;没有违法所得或者违法所得不足(　)元的,处以5000元以上2万元以下的罚款;情节严重的,由县级以上道路运输管理机构责令停业整顿;构成犯罪的,依法追究刑事责任	□2000 □3000 □4000 □5000
5. 责令限期整改	第五十三条　违反本规定,有下列行为之一的,由(　)级以上道路运输管理机构责令其限期整改: 机动车维修经营者未按照规定执行机动车维修质量保证期制度的;机动车维修经营者未按照有关(　)进行维修作业的; 伪造、转借、(　)机动车维修竣工出厂合格证的; 机动车维修经营者只收费不维修或者(　)作业项目的; 机动车维修经营者超出公布的结算工时定额、(　)向托修方收费的	□县　□市　□省 □维修手册 □技术规范 □技术标准 □冒用 □倒卖 □虚列 □夸大 □伪造 □结算收费项目 □结算工时单价

任务评价

汽车维修质量管理法律法规认知考核评分记录见表1-5。

汽车维修质量管理法律法规认知考核评分记录表　　　　　　　表1-5

类别	序号	项目	考核内容及要求	配分	评分标准	得分
专业知识 (40分)	1	机动车维修质量管理职责	能够叙述两条汽车维修行业管理部门质量管理职责	10	完整回答,一条得5分;回答不完整,每条得3分	
			能够叙述两条汽车维修经营者质量管理职责	10	完整回答,一条得5分;回答不完整,每条得3分	
	2	汽车维修质量管理制度	能够叙述四条机动车维修质量管理制度	20	完整回答,一项得5分;回答不完整,每条得3分	

续上表

类别	序号	项目	考核内容及要求	配分	评分标准	得分
操作技能(60分)	1	汽车维修质量管理相关标准	能够查询汽车维修质量管理有关国家标准	15	每查询一条,得5分;非新标准,每条得2分	
			能够查询汽车维修质量管理有关行业标准	15	每查询一条,得5分;非新标准,每条得2分	
	2	《机动车维修管理规定》相关法律条款	能够查询并正确完成该任务表1-4中有关内容	15	完成一空,得1分;全部完成,得15分	
			能够查询到该任务所列条款之外的违反《机动车维修管理规定》的其他条款	15	每查询一条,得5分	
分数总计				100	最终得分	

考核员签字:_____   日期:_____年____月____日

任务2　汽车维修质量检验标准查询(五级、四级、三级)

▶ 建议学时:4学时

一、知识要求

1. 能列举汽车修理的类别。
2. 能简述汽车维修标准体系。

二、技能要求

1. 能查询汽车维护技术规范。
2. 能查询《汽车修理质量检查评定》标准。

一、汽车修理类别

汽车修理的目的在于及时消除故障,恢复车辆的技术性能。汽车修理分为整车修理和总成修理。汽车修理应遵循"视情修理"的原则,即根据汽车检测诊断和技术鉴定结果,确定其作业的范围和深度。

汽车修理应按照国家和行业标准有关规定,以及整车制造厂提供的维修手册、使用说明书及有关技术资料进行。汽车修理类别及介绍见表1-6,对应的修理技术标准可查阅相应车型维修手册。

汽车修理类别及介绍　　　　　　　　　　　　表1-6

类别	介绍
汽车整车修理	汽车大修是整车性能恢复性修理,具有工业生产的性质。为保证车辆修复后满足动力性、经济性、可靠性、安全性以及环保、节能等方面的要求,必须对整个维修生产过程中的拆卸、修理、装配、调试和检验等制定严格的技术标准
汽车总成修理	汽车各总成的技术状况直接影响到整车的使用性能,在使用过程中,由于各总成的使用条件不同,磨损情况和故障规律差异很大,修理周期也不一致。主要总成技术标准包括发动机修理、发动机汽缸体和汽缸盖修理、曲轴修理、凸轮轴修理、传动轴修理、变速器修理、前桥和转向器修理、驱动桥修理、客车车身修理等
汽车电子控制系统修理	汽车电子控制系统是比较复杂的系统,在维修前要全面掌握电控系统的结构、原理和线路连接方法,明确电控系统中各部分可能产生的故障以及故障对整个系统的影响,运用科学的故障诊断方法对系统故障现象进行综合分析、判断,确定故障的性质和可能产生此类故障的原因和范围,制订合理的诊断程序进行诊断检查和故障排除,彻底恢复汽车性能和技术指标
事故车辆修复	事故车辆修复不同于普通故障车辆,损伤机理、损伤特征复杂,损伤不确定因素较多。事故汽车修复的特殊性决定了其修理、检验标准依据的专业性,必须建立与之相适应的技术标准,规范和控制修复过程中各环节的质量。 交通运输部颁布实施了交通运输行业标准《事故汽车修复技术规范》(JT/T 795),该标准是我国汽车维修行业首个针对事故汽车修复的专业技术标准,根据事故汽车修复的专业性及特殊性,规定了事故汽车修复的技术要求

二、汽车维修标准体系

汽车维修标准体系的建设是维修标准化的重要组成部分,同时也是维修行业管理和质量控制的基本要求。汽车维修标准体系的建设对于规范市场秩序、保障维修质量、服务质量以及提高维修技术水平等具有较强的指导作用。

1. 汽车维修标准分类

按照标准内容,通常将汽车维修标准分为技术标准、管理标准和工作标准三大类。汽车维修标准分类见表1-7。

汽车维修标准分类　　　　　　　　　　　　表1-7

标准分类	内容介绍
技术标准	技术标准是对标准化领域中需要协调统一的技术事项所制定的标准,包括基础标准、产品标准、方法标准,以及安全、卫生与环境保护标准等。 (1)基础标准,是指在一定范围内作为其他标准的基础并具有广泛指导意义的标准,包括:《标准化工作导则　第1部分:标准化文件的结构和起草规则》(GB/T 1.1)、《标准编写规则》(GB/T 20001)等;通用技术语言标准,如《汽车维修术语》(GB/T 5624),以及量和单位标准、数值与数据标准等。 (2)产品标准,是指对产品功能、规格、质量和检验方法所作的技术要求,如维修设备产品标准《汽车喷烤漆房》(JT/T 324)、《四轮定位仪》(GB/T 33570)以及汽车用化学品《机动车发动机冷却液》(GB 29743)等。 (3)方法标准,是指产品性能、质量方面的检测,以试验方法为对象而制定的标准。其内容包括检测或试验的类别、检测规则、抽样、取样测定、操作、精度要求等方面的规定,还包括所用仪器、设备、检测和试验条件、方法、步骤数据分析、结果计算、评定、合格标准、复检规则等,如《汽车维护、检测、诊断技术规范》(GB/T 18344)、《汽车空调制冷剂回收,净化,加注工艺规范》(JT/T 774)等。 (4)安全、卫生与环境保护标准,是以保护人和物的安全、保护人类的健康、保护环境为目的而制定的标准。这类标准是国家强制性标准,必须执行的。如《机动车运行安全技术条件》(GB 7258)、《汽油车污染物排放限值及测量方法(双急速法及简易工况法)》(GB 18285)等。

续上表

标准分类	内 容 介 绍
管理标准	管理标准是对标准化领域中需要协调统一的管理事项、程序等所制定的标准,包括管理基础标准、技术管理标准、经济管理标准、行政管理标准、生产经营管理标准等,如《汽车维修业开业条件》(GB/T 16739)、《机动车维修费用结算清单》(JT/T 1133)等
工作(服务)标准	工作(服务)标准是为实现工作(活动)过程的协调,提高工作质量和工作效率,对每个职能和岗位的工作制定的标准,包括工作的责任、权利、范围、质量要求、程序、效果、检查方法、考核办法等,如《交通运输标准制定、修订程序和要求》(JT/T 18)、《机动车维修服务规范》(JT/T 816)等

2.汽车维修标准体系的内容

全国汽车维修标准化技术委员会按照国家标准《标准体系构建原则和要求》(GB/T 13016)和《交通运输部关于加强和改进交通运输标准化工作的意见》(交科技发〔2014〕169号)的有关要求,研究建立了我国汽车维修标准体系,并根据汽车维修行业发展适时更新和完善。

目前,我国汽车维修标准体系的内容分为五个层次:第一层为基础标准,第二层为服务标准,第三层为技术标准,第四层为产品标准,第五层为相关标准。汽车维修标准体系内容见表1-8。

汽车维修标准体系内容　　　　　表1-8

标准分类	内 容 介 绍
基础标准	基础标准包括术语、分类和编码规则等汽车维修行业基础通用性标准,如《汽车维修术语》(GB/T 5624)
服务标准	服务标准包括企业条件、从业人员、服务质量三个方面。 (1)企业条件。汽车维修业开业条件、摩托车维修业开业条件和综合性能检验检测机构的要求等,如《汽车维修业开业条件》(GB/T 16739)、《汽车综合性能检验机构能力的通用要求》(GB/T 17993)。 (2)从业人员。从业人员技术水平要求和资格条件的标准,如《机动车维修从业人员从业资格条件》(GB/T 21338)。 (3)服务质量。维修行业服务规范和考核评价方法、指标体系等标准,如《汽车修理质量检查评定方法》(GB/T 15746)、《机动车维修服务规范》(JT/T 816)、《汽车售后服务客户满意度评价方法》(JT/T 900)、《汽车维修救援服务规范》(JT/T 1372)
技术标准	技术标准包括汽车修理、汽车维护、汽车检测与诊断、节能与环保、安全应急、信息化六个方面。 (1)汽车修理。汽车维修竣工要求和修理技术条件等标准,主要有: ①《汽车大修竣工出厂技术条件》(GB/T 3798); ②《汽车制动系统修理竣工技术规范》(GB/T 18274); ③《汽车发动机电子控制系统修理技术要求》(GB/T 19910); ④《汽车自动变速器维修通用技术条件》(JT/T 720); ⑤《汽车空调制冷剂回收、净化、加注工艺规范》(JT/T 774); ⑥《事故汽车修复技术规范》(JT/T 795)。 (2)汽车维护。汽车的日常检查和各级维护技术规范等标准,主要有: ①《汽车维护、检测、诊断技术规范》(GB/T 18344); ②《公共汽车维护技术规范》(GB/T 35260); ③《纯电动汽车维护、检测、诊断技术规范》(JT/T 1344)。

续上表

标准分类	内 容 介 绍
技术标准	(3)汽车检测与诊断。汽车检测与试验方法等标准,主要有: ①《汽车动力性台架试验方法和评价指标》(GB/T 18276); ②《汽车转向系统不解体检验方法》(JT/T 1165); (4)节能与环保。新能源汽车应用、维修能耗控制、汽车维修废弃物处理以及维修节能评价等方面的标准,如: ①《使用乙醇汽油车辆性能技术要求》(GB/T 25351); ②《汽车喷烤漆房能源消耗量限值及能源效率等级》(JT/T 938)。 (5)安全应急。安全评价、安全规程和安全生产建设要求等标准,主要有: ①《在用汽车喷烤漆房安全评价规范》(JT/T 937); ②《交通运输企业安全生产标准化建设基本规范 第6部分:机动车维修企业》(JT/T 1180.6)。 (6)信息化。汽车维修行业的统计、数据分析及信息化应用等标准,主要有: ①《汽车检验机构计算机控制系统技术规范》(JT/T 478); ②《汽车维修管理信息系统技术规范》(JT/T 640); ③《汽车维修电子健康档案系统》(JT/T 1132.1~1132.4)
产品标准	产品标准包含维护与修理设备、检测与诊断设备、教学与培训设备及汽车用化学品四个方面。 (1)维护与修理设备。汽车维护和修理相关的维修作业设备标准,主要应用于维修企业生产过程作业,主要有: ①《汽车举升机》(JT/T 155); ②《汽车喷烤漆房》(JT/T 324); ③《轮胎拆装机》(JT/T 635); ④《汽车车体校正机》(JT/T 639); ⑤《汽车空调制冷剂回收、净化、加注设备》(JT/T 783)。 (2)检测与诊断设备。汽车检测和诊断相关的设备标准,主要应用于汽车检验检测机构和维修企业竣工质量检验,主要有: ①《滚筒式汽车车速表检验台》(GB/T 13563); ②《滚筒反力式汽车制动检验台》(GB/T 13564); ③《平板式制动检验台》(GB/T 28529); ④《机动车排气分析仪》(JT/T 386.1~386.2); ⑤《汽车底盘测功机》(JT/T 445); ⑥《四轮定位仪》(GB/T 33570); ⑦《汽车侧滑检验》(JT/T 507); ⑧《机动车前照灯检测仪》(JT/T 508); ⑨《汽车故障电脑诊断仪》(JT/T 632)。 (3)教学与培训设备。汽车维修教学及维修培训、设备类标准,应用于职业教育和专业培训机构,主要有《汽车维修培训设备》。 (4)汽车用化学品。汽车清洁、维护用化学品类的标准,主要有: ①《汽车风窗玻璃清洗液》(GB/T 23436); ②《机动车发动机冷却系统内部清洗剂》(GB/T 31027); ③《机动车发动机冷却液》(GB 29743); ④《机动车发动机润滑系清洗液》(GB/T 31026)

续上表

标准分类	内 容 介 绍
相关标准	汽车维修行业经常使用到的、由其他相关的专业技术标准化技术委员会归口管理的相关标准,主要有机动车运行安全技术条件、机油换油指标、汽车污染物排放检测、维修企业环境保护、道路运输车辆燃料消耗量检测评价方法等标准,如: ①《机动车运行安全技术条件》(GB 7258); ②《汽油车污染物排放限值及测量方法(双怠速法及简易工况法)》(GB 18285)

上述各种标准所涉及的内容广泛而具体,与汽车维修质量检测与评定的工作更紧密、更具有指导性,是汽车维修质量检测与评定工作的操作依据。

任务实施

一、实训资源

(1)实训场地:多媒体信息培训室。
(2)实训设备:计算机1台。
(3)工具耗材与设备:配置网络、在线图书馆。

二、安全注意事项

(1)操作人员应遵守《中华人民共和国网络安全法》。
(2)请在交通运输部、中国汽车维修行业协会等官网查询权威资料。

三、操作过程

汽车维护分为日常维护、一级维护和二级维护,各级维护具有不同的作业项目与技术要求。在具体实施过程中,普通燃油汽车应按照《汽车维护、检测、诊断技术规范》(GB/T 18344)的规范执行。

燃气汽车和纯电动汽车的维护在完成《汽车维护、检测、诊断技术规范》(GB/T 18344)规定的基本作业项目外,纯电动汽车的维护还应按照《纯电动汽车维护、检测、诊断技术规范》(JT/T 1344)的规范执行,燃气汽车作业项目分别按《压缩天然气汽车维护技术规范》(GB/T 27876)及《液化石油气汽车维护技术规范》(GB/T 27877)的规范执行。

本节以燃气汽车为例,介绍二级维护的技术规范。维护作业过程应进行全过程质量控制和管理,作业内容记录完整,不缺项、不漏项,对二级维护竣工检验合格的车辆,由质量检验员签发竣工出厂合格证,并实行质量保证期制度。

1. 二级维护进厂检验

燃气汽车二级维护进厂检验单见表1-9,维修企业应准确记录检验结果,依据进厂检验结果及车辆实际技术状况确定附加作业项目或内容。

燃气汽车二级维护进厂检验单　　　　表1-9

托修方		联系电话	
车辆牌号		车辆型号	

续上表

进厂日期		进厂编号	
发动机号码		底盘号码	
里程表读数		上次维护时间	
检验结果:完好,记录"O";损坏,记录"×",缺少,记录"××"			
检验项目	检验结果	检验项目	检验结果
起动性能		急速工况稳定性	
加速工况稳定性		燃气系统密封性	
冷却液温度		油温	
异响		燃料转换正常、可靠	
气瓶及固定支架		仪表工作状况	
电路连接可靠		管路及卡箍	
电控单元无故障码		泄漏报警装置	
车辆技术档案及车主反映的车辆状况			
附加作业项目			
检验员签字:		送修人签字:	
维修企业(签章)　　　　　年　月　日		年　月　日	

2. 增加的基本作业项目

除《汽车维护、检测、诊断技术规范》(GB/T 18344)规定的基本作业项目外,增加的基本作业项目、作业内容及技术要求见表1-10。查阅相关技术规范完成表格内容。

燃气汽车二级维护增加的基本作业项目、作业内容及技术要求　　　表1-10

序号	作业项目		作业内容	技术要求
1	储气装置	气瓶及固定支架	(1)检查气瓶检定证明; (2)紧固连接部位; (3)视情更换安全装置	(1)气瓶检定审验有效。 (2)气瓶及支架安装紧固,安装位置符合燃气汽车标准的规定。 (3)气瓶有下列情况应更换: ①瓶体或附件出现裂纹、灼伤、(　)、渗漏或明显的凹陷、膨胀、(　); ②外表明显损伤、瓶口螺纹(　)或严重锈蚀
2		管路及卡箍	(1)检查紧固卡箍、高压管路及接头; (2)视情更换密封圈、卡箍、管路及接头; (3)检查(　)	(1)管路及接头无损伤及挤压变形,无老化、腐蚀,与相邻部件无(　)现象。 (2)接头紧固良好,无(　)、阻塞,涂检漏液观察(　)min后,无气泡出现。 (3)卡箍齐全完好,安装牢固,布局合理

续上表

序号	作业项目		作业内容	技术要求
3	储气装置	手动截止阀等相关仪表	(1)紧固阀门接头； (2)检查各阀门工作性能及接口（ ）； (3)视情拆检阀门，更换密封圈、垫片	阀门开关灵活，紧固处无松动，阀门无泄漏，性能满足要求
4		加气口	(1)清洁紧固加气口； (2)视情更换止回阀阀芯及防尘盖	(1)加气口无油污、( )。 (2)止回阀工作可靠，无渗漏。 (3)防尘盖完好
5		压力传感器及压力表	(1)紧固传感器螺栓； (2)视情送检或更换	(1)传感器信号准确，压力表显示准确。 (2)连接处无泄漏
6	燃气供给装置	滤清器	清洁或更换滤网或毛毡	清洁、工作良好
7		高压电磁阀	清除阀滤芯中杂物、沉淀物，必要( )	工作( )
8		安全阀	检查	在标定压力范围内能及时开启和关闭
9		减压调节器	(1)拆检总成，清洁各工作腔，定期更换( )； (2)高压进气装置泄漏检查，视情更换密封圈； (3)检查各级压力，视情更换弹簧( )； (4)检查安全阀； (5)视情更换恒温器密封胶圈等部件	(1)装配好后的减压调节器外观清洁，工作正常、可靠。 (2)各处无泄漏，气密性等指标符合现行《汽车用压缩天然气减压调节器》(GB/T 20735)的规定。 (3)安全阀工作可靠。 (4)热循环装置工作正常，各密封胶圈( )，水管及接头无漏水现象
10		混合器	(1)拆洗混合器各部件； (2)检查、更换密封胶圈	(1)各部件清洁。 (2)各处密封良好，无( )，工作正常，连接牢固、可靠
11	燃料转换及控制装置	管路及卡箍	检查并视情更换	(1)管路完好，无泄漏。 (2)卡箍齐全完好，安装牢固，布局合理
12		燃料转换开关及仪表	(1)检查开关及控制电路； (2)检查电源、插件及( )是否良好； (3)视情更换相关部件； (4)检查仪表	(1)开关标识准确，转换( )、可靠。 (2)开关转换至"气"位时，当发动机不运转时，气路电磁阀能在规定时间内自动( )。 (3)各接插件及( )性能良好。 (4)气量显示正确
13		线束	(1)清理、检查线束； (2)视情更换线束或接头	(1)线束连接可靠，无磨损现象。 (2)线束接头连接正确、可靠。 (3)电路电源( )

续上表

序号	作业项目	作业内容	技术要求
14	燃料转换及控制装置	电磁阀	(1)检查工作性能。 (2)检查线圈( )	(1)开关灵活可靠,关闭时密封良好,不漏气。 (2)线圈( )符合规定要求
15		汽油电磁阀	检查工作性能	开闭灵活可靠,关闭时密封良好,不漏油
16		步进电机	检查、调整	工作正常
17		ECU(电子控制单元)及传感器	用( )检查传感器及电控系统工作性能	各传感器信号正常,系统无故障码显示,工作正常、可靠
18		泄漏报警装置	检查工作性能	装有泄漏报警装置的汽车,报警装置应完好,功能有效

在二级维护作业中做好过程检验记录,检验单见表1-11。二级维护基本作业项目完成后,应进行发动机性能调试,按要求调整发动机点火提前角、火花塞间隙等,使发动机达到正常工作状态。

燃气汽车二级维护过程检验单　　　　　表1-11

托修方		车辆牌号		车辆型号	
合同编号		发动机号		底盘号	
检验项目		检验数据及结果			作业人员
储气装置	气瓶及固定支架	气瓶检定证书编号: 拧紧力矩:　　　N·m; 六个方向紧固性能:			
	管路及卡箍	管路:　　　　　管接头: 卡箍间距:　　　mm			
	截止阀充气阀、组合阀等各类控制阀及相关仪表	截止阀:　　　　充气阀: 组合阀:　　　　仪表:			
	加气口	止回阀:　　　　防尘盖:			
	压力传感器及压力表	压力传感器:　　　kPa 压力表示值:　　　kPa			
燃气供给装置	滤清器	工作状况:			
	高压电磁阀	工作状况:			
	安全阀	标定压力:　　　kPa			
	减压调节器	密封性能:　　　热循环装置:			
	混合器	密封性:　　　　工作性能:			
	低压管路及卡箍	密封性:　　　　紧固程度:			

续上表

检验项目		检验数据及结果	作业人员
燃料转换及控制装置	燃料转换开关及仪表	工作性能： 气量显示值： kPa	
	线束		
	电磁阀	工作性能： 线圈电阻： Ω	
	汽油电磁阀	工作性能： 密封性：	
	步进电机	工作性能：	
	ECU（电子控制单元）及传感器	工作性能： 故障码：	
	泄漏报警装置	工作性能：	
修理情况记录		更换主要零部件记录	
项目	修理项目摘要	名称 | 规格 | 数量 | 生产方	

质量检验员(签字)： 年 月 日

3．燃气汽车二级维护竣工检验

燃气汽车二级维护竣工检验除执行《汽车维护、检测、诊断技术规范》(GB/T 18344)规定内容外，同时还应进行紧固程度、气密性检验和标志等项目的检验。燃气汽车二级维护竣工检验单见表1-12。

燃气汽车二级维护竣工检验单 表1-12

托修方		车辆牌号		车辆型号	
合同编号		发动机号		底盘号	
外观检测	标志		气瓶		
	管路及卡箍		加气口		
	压力传感器及压力表		高压电磁阀		
	安全阀		减压调节器		
	燃料转换开关及仪表		混合器		
	线束		电磁阀		
	汽油电磁阀		电子控制单元		
	步进电机		泄漏报警装置		

续上表

性能检测	紧固程度检验	
	气密性检验	
	尾气排放性能	急速,CO: %; HC: ×10⁻⁶; 高急速,CO: %; HC: ×10⁻⁶; 光吸收系数: m⁻¹

检测结论:

质量检验员(签字):　　　　　　　　　　　　　　　承修单位(公章)　　年　月　日

四、汽车修理质量检查评定

汽车修理质量一般由汽车维修企业依据修理技术标准进行评价。为客观、公正、全面地考核汽车维修企业的修理质量,采取修理质量检查评定的方式,按照《汽车修理质量检查评定标准》(GB/T 15746),对维修企业修理质量进行综合评定。

表1-13为汽车整车修理竣工质量的评定,请查阅《汽车修理质量检查评定方法》(GB/T 15746),将表格内容补充完整。

汽车整车修理竣工质量评定　　　　　　　　　　表1-13

序号	核查项目	技 术 要 求
1		整车
1.1	外观	整车外观应整洁、完好、周正,各处无漏油、( )、漏电、漏气现象
1.2	整车装备	附属设施及装备应齐全、有效,各连接部件( )
1.3	整备质量	由修理改变的整备质量,应不超出原车规定整备质量的( )%
1.4	左右轴距差	应不大于原设计值的1/1000
1.5	润滑及其他工作介质	各总成应按原设计规定加注规定品质与数量的润滑油(脂)及其他工作介质
2		总成
2.1	发动机	
2.1.1	起动性能	汽油发动机在环境温度不低于-5℃时,柴油发动机在环境温度不低于5℃时,应能顺利起动。允许起动( )次,每次不超过5s
2.1.2	急速运转性能	从起动后到正常工作温度,发动机急速应运转( ),其急速转速应符合原设计规定
2.1.3	运转状况	发动机在各种工况下应运转稳定、无异响;改变工况时应过渡圆滑;急加速或减速时不得有( )

续上表

序号	核查项目	技术要求
2.1.4	压缩压力	在正常工作温度下,汽缸压缩压力应符合原设计规定;其压力差汽油机应不超过各缸平均压力的( )%,柴油机应不超过8%
2.1.5	机油压力	正常工作温度和规定转速下,机油压力应符合原设计要求
2.2	转向操纵机构	
2.2.1	转向盘	应转动灵活、操纵轻便,无偏重和( )现象;车辆直线行驶时,转向盘应处在中间位置
2.2.2	转向盘最大自由转动量	应符合《机动车运行安全技术条件》(GB 7258)中有关条款的规定
2.2.3	车轮定位等	车轮定位、转向轮的最大转向角应符合原设计规定
2.2.4	转向轮横向侧滑量	转向轴采用非独立悬架的汽车,转向轮横向侧滑量应符合《机动车运行安全技术条件》(GB 7258)中有关条款的规定
2.2.5	转向连接件	转向横、直拉杆及转向连接球销应( )、裂纹和损伤,且不得拼焊
2.3	传动机构	
2.3.1	离合器	应接合平稳、分离彻底,不得有异响、抖动或打滑现象
2.3.2	离合器踏板	踏板力不大于300N;踏板自由行程应符合原设计规定
2.3.3	变速器	手动变速器互锁和自锁装置可靠有效,不得有乱挡和( )现象;挂挡平顺,无干涉,运转无异响
		自动变速器的操纵装置除位于P、N外的任何挡位,发动机均不能起动;当位于P挡时,应有( )功能
2.3.4	传动轴	运转时不应有振抖和异响
2.3.5	主减速器、差速器	应工作正常、无异响,正常工况下不得过热
2.4	行走机构	
2.4.1	车轮总成	横向摆动量和径向跳动量应符合《机动车运行安全技术条件》(GB 7258)中有关条款的要求
2.4.2	轮胎	胎冠花纹深度应符合《机动车运行安全技术条件》(GB 7258)中有关条款的要求;同轴上装用的轮胎规格、花纹应一致;转向轮不得装用( )轮胎
2.4.3	减振器	应作用( ),不允许有明显渗漏油的现象
2.4.4	钢板弹簧、气体弹簧	钢板弹簧应无裂纹和断片现象,弹簧形式、片数应符合原厂规定;气体弹簧应作用( ),无异响
2.4.5	车桥与悬架	车桥与车架之间的各种拉杆和导杆应无变形;各接头和衬套不得松旷和( )

续上表

序号	核查项目	技术要求
2.5	制动机构	
2.5.1	行车制动踏板行程	制动踏板的自由行程应符合原设计规定;采用液压制动的,汽车踏板行程应符合《机动车运行安全技术条件》(GB 7258)中有关条款的规定
2.5.2	行车制动踏板力	行车制动在产生最大制动效能时的踏板力,对于乘用车应不大于( )N,其他车辆应不大于700N
2.5.3	驻车制动操纵杆或踏板	应有足够的储备行程,其有效行程应符合《机动车运行安全技术条件》(GB 7258)中有关条款的规定
2.5.4	驻车制动操纵力或踏板力	驻车制动在产生规定的制动效能时,手操纵力或( )力应符合《机动车运行安全技术条件》(GB 7258)中有关条款的规定
2.5.5	制动系统密封性	应符合《机动车运行安全技术条件》(GB 7258)的相关规定
2.6	车身、驾驶室	
2.6.1	车身、驾驶室外观	应周正完好、曲面过渡( );蒙皮平整,无裂损、无锈蚀
2.6.2	车身、驾驶室、货箱、保险杠和翼子板	应左右对称,对称部位离地高度差:货箱不大于20mm,其他不大于( )mm;货箱边板、铰链应铰接牢固、启闭灵活,边板关闭后,各边缝隙不应超过5mm
2.6.3	车身、驾驶室漆面	应色泽均匀,漆膜附着牢固,漆面和漆层无( )、脱层、裂纹、( )、皱纹和漏漆等缺陷
2.6.4	座椅及安全带	驾驶员座椅的前后位置应可以调整,并( )有效;乘客座椅排列应符合相关规定;安全带应牢固、有效
2.6.5	车门、车窗	应启闭灵活、锁止( ),闭合严密、无漏水现象
2.6.6	门窗玻璃	应采用安全玻璃,并符合《机动车运行安全技术条件》(GB 7258)中有关条款的要求
2.7	照明和信号装置及其他电气设备	
2.7.1	照明和信号装置	灯光、信号、电气设备等及其控制装置应齐全有效,各元器件性能( ),工作( ),符合原设计要求
2.7.2	仪表	各仪表应运行正常、指示正确
2.7.3	电气线路	应布置合理、连接正确;线束包扎良好、牢固可靠,通过孔洞处应有防护设施,且距离排气管不小于( )mm
2.7.4	发电机	运转平稳、无异响,输出电压符合原设计要求
2.7.5	空调系统	应工作正常,符合原设计要求
2.7.6	前照灯	前照灯远光光束发光强度和、近光光束照射位置应符合《机动车运行安全技术条件》(GB 7258)中有关条款的要求

续上表

序号	核查项目	技术要求
3		主要性能
3.1	动力性	汽车动力性应符合《汽车动力性台架试验方法和评价指标》(GB/T 18276)的要求
3.2	经济性	汽车百公里燃料消耗量应不大于该车型原设计规定的相应车速等速百公里燃料消耗量的(　　)%
3.3	排放性能	排放装置应齐全、有效,(　　)(OBD)应工作正常;排气污染物排放应符合国家标准的规定
3.4	行车制动性能	
3.5	驻车制动性能	
3.6	滑行性能	性能应符合《机动车运行安全技术条件》(GB 7258)有关条款的规定
3.7	转向轻便性	
3.8	喇叭声级	

任务评价

汽车维修质量检验标准查询考核评分记录见表1-14。

汽车维修质量检验标准查询考核评分记录表　　表1-14

类别	序号	项目	考核内容及要求	配分	评分标准	得分
专业知识(45分)	1	汽车维修类别	叙述汽车维修类别	15	回答一项,得5分	
	2	汽车维修标准体系	叙述汽车维修标准的分类	15	回答一项,得5分;完整回答,得15分	
			叙述汽车维修标准体系结构	15	每项3分,共5项	
操作技能(55分)	1	汽车维护技术规范	查询并正确完成该任务中汽车维护技术规范相关内容	30	每空1分,共30空	
	2	汽车修理质量检查评定	查询并正确完成该任务中汽车修理质量检查评定相关内容	25	每空1分,共25空	
		分数总计		100	最终得分	

考核员签字:_____　　　　　　　　　　日期:____年___月___日

任务3　汽车维修检验工岗位认知(五级、四级、三级)

▶ 建议学时:4学时

一、知识要求

1. 能叙述汽车维修质量检验的任务与分类。
2. 能叙述汽车维修检验工从业条件及专业技能水平要求。
3. 能叙述汽车维修检验工职业道德。

二、技能要求

能够查询各级汽车维修检验工作要求。

一、汽车维修质量检验的任务与分类

1. 汽车维修质量检验的任务

汽车维修质量检验是指采用一定的手段和方法,测定汽车在维修过程中和竣工后的质量特性,然后将测定的结果同规定的汽车维修质量评定参数标准相比较,从而判定汽车维修质量的优劣。

(1)汽车维修质量检验的一般步骤。

汽车维修质量的检验是监督检查汽车维修质量的重要手段,是汽车维修过程中不可或缺的重要环节。一般按以下步骤进行:

①明确检验项目和规范,根据汽车维修项目和技术标准,明确检验的项目和各项质量评定标准。

②检验测试,用一定的手段和方法对检测对象进行检测,得出维修质量的各特性值。

③比较确定,将测定结果与技术要求或技术标准相比较,确定是否合格。

④检验的处理,对维修质量合格的汽车履行竣工出厂手续(对于过程检验,则进行下一道维修程序);对维修不合格的汽车,查找出原因,进行返修。

(2)汽车维修质量检验的主要工作职能。

①保证职能,通过对原材料、维修的半成品进行检验,保证维修不合格的不转入下一道工序、维修不合格的汽车不出厂。

②预防职能,通过检验处理,将获得的数据及时反馈,以便及时发现问题,找出原因,采取措施,预防不合格产品的产生。

2. 汽车维修质量检验的分类及内容

(1)按维修程序分类。

汽车维修质量检验按维修程序分为进厂检验、零件分类检验、过程检验和出厂检验,见表1-15。

维修程序 表 1-15

程序	职能介绍
进厂检验	进厂检验是指对送修车辆的装备和技术状况的检查鉴定,以便确定维修方案。其主要内容有:对进厂送修的车辆进行外观检视,填写进厂检验单;注明车辆装备数量及状况;听取用户的口头反映;查阅该车技术档案和上次维修技术资料;通过检测和测试、检查,判断车辆的技术状况;确定维修方案,办理交接手续,签订维修合同
零件分类检验	零件分类检验是指对汽车零件清洗后,按照零件损伤程度及技术检验规范所制定的分类标准,将零件确定为可用、需修和报废三种类型,以便分工配料、安排计划。 判定被检零件类别的主要依据是汽车维修规范中所规定的"大修允许"和"使用极限"。凡零件磨损后尺寸和形位公差在允许范围内,则该零件为可用;凡零件的磨损误差超过允许值,但还可以修复使用者为需修件;凡零件损伤严重、无法修复或修理无价值且成本太高的为报废件。 零件的检验分类是维修过程中极为重要的工序。检验分类的工作质量将直接影响维修质量和成本
维修过程检验	过程检验是指维修过程中对某一工序的工人自检、互检和专职检验员在生产现场的重点检验,主要内容是汽车或总成解体、清洗过程中的检验;主要零部件的过程检验;各总成组装、调试的检验。 过程检验一般采用自检、互检和专职检验结合的方法。因此,必须建立检验岗位责任制,明确检验标准、检验方法和检验分工,做好检验记录,严格把握质量关。凡不合格的零部件和总成都要返工,不得流入下道工序,也不得作备用品
出厂检验	出厂检验指送修的汽车经过解体、清洗、修理装配试验和总装以后对整车进行静态和动态的检查验收。通过检查验收,发现缺陷及时消除,使车辆整齐美观,机件齐全可靠,操纵灵活,轻便舒适,经济性好,动力性强,技术性能达标,用户满意。其主要内容是: ①整车检查:检测路试前,在静止状态下对汽车进行外观检查和发动机在空载状态下的检查。 ②检测和路试:通过汽车各种工况,如起步、加速、等速行驶、滑行、强制减速、紧急制动、低速挡和高速挡行驶,检查汽车的操作性能、制动性能、滑行性能、加速性能,通过听察各种声响,判断发动机及底盘的工作情况;按照有关规定,检查汽车的经济性能、噪声和废气排放情况。车辆整车大修和总成大修、二级维护,需按有关规定上专门的汽车检测线进行检测。 ③检测路试后的再检验:一般除根据路试中所发现的不正常现象进行检查外,还应按发动机的验收要求,对发动机做一次进一步的检查和调整。此外,还要检查各总成之间的连接有无松动、变形和移位;有无漏水、漏油、漏气、漏电现象,某些总成和机件是否温度过高,各部螺栓、螺母是否松动;轮胎气压是否符合标准等。 ④车辆验收:经过检测路试,所发现的缺陷通过施工调整消除后,即可进行验收,并填好出厂检验记录,签发出厂合格证,办理交接手续

(2) 按检验职责分类。

汽车维修质量检验按检验职责分为自检、互检和专职检验,亦称"三检制度",见表 1-16。这是我国普遍实行的一种检验制度。

汽车维修质量检验分类 表 1-16

制度	介绍
自检	自检是维修工人对自己所承担的作业进行自我检验,即"自我把关"
互检	互检是维修工人相互之间对所承担的作业项目进行相互检验。互检的形式有班组质检员对本组工人的抽检、下道工序对上道工序的检验、工序中的相互检验等
专职检验	专职检验是专职检验员对车辆维修质量的检验,包括对维修过程中关键工序的检验、对材料和配件的入库检验、对竣工车辆的出厂检验等

落实好"三检制度",首先要明确专检、互检、自检的范围。一般进厂检验(包括外购件、

外协件的检验)、主要半成品的流转(如缸体、曲轴等)、竣工出厂检验等应以专职检验为主。生产过程中的一般工序检验则以自检、互检为主,同时辅以专职检查员的巡回检查。其次是要明确检验方法,要为检测者提供必要的检测手段,要健全原始记录登记制度。

进行汽车维修质量检验应做好检验记录。汽车维修进厂检验记录单、过程检验记录单和竣工检验记录单是汽车维修质量检验的原始记录,必须认真填写,及时整理,妥善保管。

二、汽车维修检验工从业条件及专业技能水平要求

汽车维修检验工作为汽车维修工种之一,首先应满足汽车维修工的相关岗位从业条件及专业技能水平要求。汽车维修工从业人员应当符合表1-17所列条件。

汽车维修工的相关岗位从业条件及专业技能水平要求　　　　表1-17

汽车维修工	从业条件	专业技能水平要求
机修维修工	具有初中(含)以上文化程度;连续从事机动车电器维修工作3年以上,或本专业中职毕业连续从事机动车电器维修工作2年以上,或本专业高职(含)以上毕业连续从事机动车电器维修工作1年以上	(1)具有按工艺规范完成机动车发动机、底盘及其控制系统的故障诊断和维修作业的能力; (2)能熟练使用维修检测仪器和设备准确诊断并排除车辆故障; (3)能熟练应用技术资料解决本岗位的技术问题; (4)具有收集、整理、分析和处理本岗位技术问题的能力; (5)能指导本岗位其他人员完成机修作业
电器维修工		(1)具有完成机动车电器故障诊断和维修作业的能力; (2)能熟练使用电器维修所需要的各种检测仪器和设备,准确判断并排除车辆电气系统故障; (3)能应用技术资料解决机动车电器维修的技术问题; (4)具有收集整理、分析处理机动车电器维修技术问题的能力; (5)能指导本岗位其他人员完成机动车电器维修作业

汽车维修检验工作为检修质量检验人员,应同时满足表1-18汽车维修质量检验员的从业条件及专业技能水平要求。

汽车维修质量检验员的从业条件及专业技能水平要求　　　　表1-18

岗位	从业条件	专业技能水平要求
汽车维修质量检验员	维修质量检验员是维修企业中从事各项质量检验的人员,具有高中(含)以上学历;获得机动车维修人员或电器维修人员职业资格并连续在该岗位工作2年以上;具有与本企业承修车型相适应的机动车驾驶证,并安全驾驶1年以上	(1)能熟练运用相应检验仪器、仪表和量具以及检测诊断设备完成机动车维修进厂、维修过程和维修竣工出厂的各项质量检验工作,正确填写机动车维修进厂检验单、过程检验单、维修竣工出厂检验单以及维修竣工出厂合格证; (2)能协助技术负责人对机动车维修质量事故进行分析和鉴定,提出改进和预防措施,并组织实施; (3)能配合业务员进行车辆或总成维修进厂和维修竣工出厂的检验交接; (4)能对机动车配件质量进行常规检验; (5)能指导和培训相关人员对机动车维修质量进行检验; (6)具有查阅和运用技术资料对维修车辆的故障进行深入诊断的能力; (7)具有正确执行标准判定检验结果的能力

三、汽车维修检验工职业道德

汽车维修检验工作为汽车维修企业从业人员,不仅要有良好的专业技能水平,更要有基本的职业道德要求,见表1-19。

职业道德基本要求　　　　　　　　　　　　表1-19

职业道德	基 本 要 求
爱岗敬业	爱岗敬业,就是要求维修从业人员严守岗位、尽心尽责、注重务实、服务行业,兢兢业业地干好汽车维修各个岗位的本职工作,在维修工作岗位上做到认真履行岗位职责,精通专业知识,熟练掌握专业技能,并在做好本职工作的基础上,在一定程度上和范围内争取全面发展,不断增长知识、增长才干,积极为汽车维修行业发展、为道路运输业发展服务
诚实守信	(1)严格执行国家、地方及行业相关汽车维修的法律、法规、规章、标准和规范,维护国家和汽车维修行业利益,对国家、行业做到诚实守信; (2)重质量、重服务、重信誉,在企业管理、维修生产过程中建立和实施维修质量保证体系,执行安全操作规程,按工艺规范正确完成维修作业项目,维护企业利益,对企业做到诚实守信; (3)诚实劳动、合法经营,正确执行维修工时定额和收费标准,不使用假冒伪劣机动车配件,维护托修方的利益,对消费者做到诚实守信
做事公道	做事公道,首先要依法办事,严格按照汽车维修各项工艺技术标准,进行汽车维修作业,自觉维护各项技术工艺标准的严肃性,保证汽车维修质量。维修质量检验结论要力求公正、准确、合理、适当,维护消费者的合法权益,维护企业的声誉;其次是尽职尽责,敢于负责任,把严格管理建立在热爱本职工作的基础上,不怕困难、不回避矛盾,坚持原则,任劳任怨,恪尽职守,确保汽车维修质量和服务水平
服务百姓	服务百姓,不仅要树立服务群众的观念,还要将群众观念落实到汽车维修职业活动中去。要做到文明礼貌、优质服务,就要求从业人员说话和气、热情主动、耐心周到,真正把服务对象的事情当作自己的事情来办,让服务对象体会到一种宾至如归的感觉,保持承、托修双方之间长期的良好的合作关系。 服务百姓,还要认真钻研业务,具备为群众服务的技能。汽车技术发展很快,对维修工艺和维修技术方面的要求越来越高,要做好汽车维修工作,一定要学习汽车电子控制等新技术,学会使用检测诊断设备,学习维修企业的技术质量管理知识,学习质量检验技术的有关理论,勇于实践,不断提高自己的工作技能;提高综合分析、解决问题的能力,刻苦学习,勇于钻研,努力提高本职工作能力和水平,为促进行业的发展和提高企业经济效益而努力工作
奉献社会	奉献社会,就是要以本业为荣,以本职为乐,积极为汽车维修行业发展奉献出自己的力量,不能只讲索取,不讲奉献。在汽车维修服务工作中,不计名利、勇于吃苦、任劳任怨,最大限度地满足服务对象的合理需求,在奉献中充分体现自己的人生价值

任务实施

一、实训资源

(1)实训场地:多媒体信息培训室。
(2)实训设备:计算机1台。
(3)工具耗材与设备:配置网络、在线图书馆。

二、安全注意事项

(1)操作人员应遵守《中华人民共和国网络安全法》。
(2)请在交通运输部、中国汽车维修行业协会等官方渠道查询权威资料。

三、操作过程

依据国家职业技能标准《汽车维修工》(4-12-01-01)标准,汽车维修检验工共设五个等级,分别为五级/初级工、四级/中级工、三级/高级工、二级/技师、一级/高级技师。

查阅文件,将表1-20中的汽车维修检验中级工工作要求(节选)补充完整。

汽车维修检验中级工工作要求(节选)　　　　表1-20

职业功能	工作内容	技 能 要 求	相 关 知 识 要 求
1. 汽车维护	1.1 发动机维护	1.1.1 能更换燃油滤清器 1.1.2 能检查进(排)气系统及其泄漏 1.1.3 能检查、调整及更换发动机传动皮带 1.1.4 能检查、更换发动机正时皮带或正时链条 1.1.5 能(　　)发动机悬置总成	1.1.1 发动机二级维护项目、作业内容和技术要求 1.1.2 进(排)气系统密封性检查技术要求 1.1.3 发动机传动皮带检查调整操作方法和技术要求 1.1.4 正时皮带、正时链条更换操作方法和技术要求 1.1.5 发动机悬置总成更换操作方法和技术要求
	1.2 底盘维护	1.2.1 能检查、调整离合器踏板、制动踏板自由行程 1.2.2 能检查万向节、传动轴技术状况 1.2.3 能检查、调整转向拉杆及球头 1.2.4 能检查悬架弹簧、减振器技术状况 1.2.5 能检查、调整(　　)	1.2.1 底盘二级维护项目、作业内容和技术要求 1.2.2 二级维护竣工检测项目、技术要求 1.2.3 二级维护作业安全注意事项
2. 发动机检修	2.2 曲柄连杆机构检修	2.2.1 能拆装、检测汽缸体及汽缸套 2.2.2 能拆装、检测活塞、活塞环及活塞销 2.2.3 能拆装、检测连杆及轴承 2.2.4 能拆装、检测飞轮、曲轴及轴承	2.2.1 曲柄连杆机构组成与工作原理 2.2.2 汽缸体及汽缸检测技术要求 2.2.3 活塞、活塞环及活塞销检测技术要求 2.2.4 连杆及轴承检测技术要求 2.2.5 飞轮、曲轴及轴承检测技术要求 2.2.6 公差与配合、形位公差等测量技术相关知识
	2.4 燃油、电控系统检修	2.4.1 能检测燃油供给系统(　　) 2.4.2 能检测各传感器技术状况 2.4.3 能检测各执行器技术状况 2.4.4 能检测(　　)电路 2.4.5 能检查和校正点火正时	2.4.1 燃油供给系统组成、工作原理、检测方法、技术要求及安全注意事项 2.4.2 传感器、执行器工作原理、检测方法和注意事项 2.4.3 传感器、执行器清洗及更换注意事项 2.4.4 喷油器检测设备使用方法 2.4.5 点火系统电路检测方法及技术要求

续上表

职业功能	工作内容	技能要求	相关知识要求
2. 发动机检修	2.5 润滑和冷却系统检修	2.5.1 能检测机油压力 2.5.2 能检测散热器盖压力 2.5.3 能检测节温器工作状况 2.5.4 能检测冷却风扇工作状况	2.5.1 润滑系统组成与工作原理 2.5.2 机油压力检查技术要求 2.5.3 冷却系统组成与工作原理 2.5.4 散热器盖工作原理和检测方法 2.5.5 冷却风扇工作原理和检测技术要求
3. 底盘检修	3.1 传动系统检修	3.1.1 能拆装（　　）总成 3.1.2 能拆装（　　）总成 3.1.3 能拆装（　　） 3.1.4 能拆装（　　） 3.1.5 能更换自动变速器油、滤芯	3.1.1 传动系统组成与工作原理 3.1.2 离合器总成拆装技术要求 3.1.3 手动变速器总成拆装技术要求 3.1.4 万向传动装置拆装技术要求 3.1.5 主减速器和差速器总成拆装技术要求
	3.4 制动系统检修	3.4.1 能更换制动主缸或（　　） 3.4.2 能更换制动助力器总成 3.4.3 能更换（　　） 3.4.4 能拆装驻车制动装置	3.4.1 制动系统组成与工作原理 3.4.2 制动主缸和制动助力器检修技术要求 3.4.3 制动控制阀检修技术要求 3.4.4 盘（鼓）式制动器检修技术要求 3.4.5 驻车制动检修技术要求
4. 汽车电器检修	4.1 蓄电池检修	4.1.1 能检测蓄电池技术状况 4.1.2 能对蓄电池进行充电	4.1.1 蓄电池结构与工作原理 4.1.2 蓄电池技术状况检查方法 4.1.3 蓄电池充电方法及注意事项
	4.2 起动系统检修	4.2.1 能（　　）起动机技术状况 4.2.2 能检修起动机总成 4.2.3 能（　　）起动机控制线路	4.2.1 起动系统组成与工作原理 4.2.2 起动机检查方法 4.2.3 起动系统电路相关知识
	4.3 充电系统检修	4.3.1 能检测发电机技术状况 4.3.2 能检修发电机总成 4.3.3 能检修充电系统线路	4.3.1 充电系统组成与工作原理 4.3.2 发电机检查方法 4.3.3 充电系统电路相关知识
	4.4 照明信号及仪表系统检修	4.4.1 能检修照明线路及元件 4.4.2 能检修信号系统线路及元件 4.4.3 能检修仪表线路	4.4.1 照明、信号及仪表系统组成与工作原理 4.4.2 照明、信号及仪表系统电路图知识 4.4.3 照明、信号及仪表系统元件的检测方法

任务评价

汽车维修检验工岗位认知考核评分记录见表 1-21。

汽车维修检验工岗位认知考核评分记录表　　　　　　表 1-21

类别	序号	项目	考核内容及要求	配分	评分标准	得分
专业知识 (40分)	1	汽车维修质量检验的任务与分类	能叙述汽车维修质量检验的任务	4	每项2分	
			能叙述汽车维修质量检验的分类	8	每项2分	

续上表

类别	序号	项目	考核内容及要求	配分	评分标准	得分
专业知识(40分)	2	从业条件及专业技能水平要求	能叙述汽车维修检验工从业条件	6	回答完整,得6分;回答不完整,适当扣分	
			能叙述汽车维修检验工专业技能水平要求	7	回答完整,得7分;回答不完整,适当扣分	
	3	汽车维修检验工职业道德	能叙述汽车维修检验工职业道德要求	15	每项3分	
操作技能(60分)	1	汽车维修检验工作要求	查询并正确完成汽车维修检验初级工5项工作要求	20	每项4分	
			查询并正确完成汽车维修检验中级工5项工作要求	20	每项4分	
			查询并正确完成汽车维修检验高级工5项工作要求	20	每项4分	
		分数总计		100	最终得分	

考核员签字:_____　　　　　　　　　　日期:_____年___月___日

项目二 汽车维修质量检验常用工具、仪器、设备及其使用

项目描述

汽车维修检验工在进行检验时,针对不同的工作内容需使用相应的工具、仪器和设备进行操作。正确选择并熟练地使用工具、仪器和设备,既能保障检验作业质量,又能提高工作效率。

本项目通过学习汽车维修质量检验常用的工具、仪器和设备,使学员掌握其种类和功能,并能合理选择和使用。

任务1 常用工具及其使用(五级、四级、三级)

▶ 建议学时:4学时

考核要求

一、知识要求

1. 能叙述套筒、扳手、螺丝刀等拆装工具类别、功能及规格。
2. 能叙述钳类工具、敲击类工具类别、功能及规格。
3. 能叙述扭力扳手的类别、功能及规格。

二、技能要求

1. 能正确选择和使用套筒、扳手、螺丝刀等拆装工具。
2. 能正确选择和使用钳类工具、敲击类工具。
3. 能正确使用扭力扳手。

任务准备

一、汽车维修质量检验常用工具概述

汽车维修质量检验工具种类很多,本任务主要介绍常用工具,包括套筒及配套工具、扳手、扭力扳手、螺丝刀、钳类工具、敲击类工具等。

1. 套筒及配套工具

套筒与套筒扳手、接杆等配套使用,用于拧转螺栓或螺母。套筒与螺栓或螺母贴合平面

较大,工作时不容易打滑,拧转时优先选用。

2. 扳手

扳手适用于拧转螺栓或螺母,常用的有梅花扳手、开口扳手、活动扳手等。梅花扳手与螺栓或螺母贴合面较开口扳手大,若不能使用套筒,优先选用梅花扳手。

3. 扭力扳手

扭力扳手是一种带有力矩测量机构的拧紧计量器具,用于紧固螺栓和螺母等螺纹连接件,并能测出拧紧时的力矩值。

4. 螺丝刀

螺丝刀俗称"起子"或"改锥",是一种用于拧紧或旋松带槽螺钉等小型螺纹连接件的手动工具。常用的螺丝刀有一字形、十字形、花形和螺母螺丝刀等。

5. 钳类工具

钳类工具是利用摩擦力和杠杆原理夹持、紧固物体,常用的钳类工具有钢丝钳、尖嘴钳、大力钳、鲤鱼钳和卡簧钳等。

6. 敲击类工具

选用正确的锤子敲打部件或者与錾子、冲子配合敲打部件,能使部件产生位移、振动,从而达到松动、拆卸和紧固等目的。常用的敲击类工具主要有锤子、錾子和冲子等。

二、汽车维修质量检验常用工具认知

1. 套筒

观察各种类型的套筒,了解其作用及结构特点,见表2-1。

常用的套筒　　　　　表2-1

序号	名称	图片	作用及结构特点
1	公制套筒		套筒根据制式、驱动端尺寸、套筒长短、工作端形状等有不同的分类。根据套筒的用途,还有穿透式套筒、风动套筒和旋具套筒等类型
2	火花塞套筒		专用于拆装发动机火花塞,其内部加入了橡胶塞便于夹持火花塞
3	T形六角套筒		适用于普通套筒无法作业的、较深的螺栓、螺母的拆装,也可用于增加拆装的速度

2. 套筒配套工具

为操作方便和提高工作效率,可以配套使用扭力扳手、棘轮扳手、接杆、滑行杆、旋柄、万向接头等常用的配套工具,见表2-2。

常用的套筒配套工具 表2-2

序号	名称	图片	作用及结构特点
1	扭力扳手		适用于有力矩值规定的螺栓或螺母装配,如汽缸盖、底盘等处的螺栓或者螺母
2	棘轮扳手		可实现快速单方向的转动,其头部设计有棘轮装置,通过调整锁紧机构可改变其旋转方向
3	接杆		加装在套筒和配套手柄之间,用于拆装深度较深且不易接触的螺栓或螺母;也可通过接杆将工具抬高一定高度,便于操作
4	滑行杆		套头移动到末端,形成L形结构,从而增加力矩;套头在中间位置时,形成T形结构,可提升拆装速度
5	万向接头		可实现一定范围内的灵活旋转。使用时,要注意尽量减小扳手和螺栓或螺母纵向的夹角

3.扳手

常用的扳手类型有开口扳手、梅花扳手、快速扳手、活动扳手、内六角扳手等,扳手的特点和规格,见表2-3。

常用扳手 表2-3

序号	名称	图片	特点
1	梅花扳手		力矩大,工作可靠不易滑脱,适用于螺栓或螺母周围空间狭小的场合
2	梅花快扳		在梅花扳手的花环部增加了棘轮,适用于在空间受限的情形下有效快速拆装
3	开口扳手		工作端呈U形,使用时可以直接插入或套入螺栓或螺母,使用方便,但容易使螺栓螺母滑角
4	活动扳手		开口宽度可调节,适用范围较大,适用不规则的螺栓或螺母;但使用时容易滑脱
5	内六角扳手		专用于拆装内六角螺钉的工具

项目二　汽车维修质量检验常用工具、仪器、设备及其使用

续上表

序号	名称	图片	特点
6	气动冲击扳手		适用于快速拧紧、拆卸螺栓螺母,工作时通过高压气体驱动电动机旋转带动套筒旋转,使用时可根据需要调整旋向和速度挡位

4. 扭力扳手

表2-4列出了常见预置式扭力扳手的规格参数。使用扭力扳手时,应根据待紧固螺纹件的力矩值选择规格合适的扭力扳手。

常见预置式扭力扳手的规格参数　　　　表2-4

图示	驱动头	力矩范围(N·m)
	1/4″	1~5
	3/8″	5~25
	1/2″	20~100
	1/2″	40~200
	1/2″	68~340

5. 螺丝刀

一字螺丝刀的规格通常用"金属杆直径×金属杆长度"来表示,如规格"6×100"表示金属杆直径为6mm、金属杆长度为100mm的一字螺丝刀。表2-5为常用金属杆直径代号及对应直径。

常用金属杆直径代号及对应直径　　　　表2-5

代号	对应直径	规格特点
#0	3mm	十字螺丝刀的规格通常用"金属杆直径代号×金属杆长度"来表示,如规格"#0×100"表示金属杆直径为3mm、金属杆长度为100mm的十字螺丝刀
#1	5mm	
#2	6mm	
#3	8mm	

任务实施

一、实训资源

(1)实训场地:汽车实训场或者实训工位1个。
(2)实训设备:实训车辆1辆或者实训台架1个。
(3)工具耗材与设备:工具车1套,常用工具1套。

二、安全注意事项

(1)正确选择套筒的规格,否则容易损坏螺栓螺母的棱角,还容易发生滑出碰伤事故。
(2)不得在扳手上使用加长杆,不得敲击扳手,否则容易造成工具损坏。

(3)螺丝刀头部与螺钉槽口应处于垂直吻合状态,禁止使用蛮力操作。
(4)不得将螺丝刀头部朝向他人。
(5)锤子手柄应完好可靠,手柄安装牢固,切勿使用松动的或坏柄的敲击工具。
(6)不得将敲击工具的手柄当作敲击工具或撬棒使用。
(7)在敲击作业回转直径范围内,不得有其他人员作业或观摩。

三、操作过程

1. 套筒及配套工具的使用

套筒及配套工具的使用操作方法及说明见表2-6。

套筒及配套工具的使用操作方法及说明　　　表2-6

步骤	操作方法及说明	质量标准及记录
1. 选择套筒的类型和规格	(1)查看待拆装螺栓或者螺母的外形、安装位置。 (2)从套装工具箱中选择合适的套筒	□正确选择套筒类型 □正确选择套筒规格,确保套筒和螺栓或螺母结合无间隙
2. 选择套筒扳手	先选用套筒类型,再选择规格,最后选用配套工具	□根据操作便利性和工作效率等因素,选择棘轮扳手、接杆、转向手柄、滑行杆、旋柄、万向接头或转接头等常用的配套工具
3. 组装套筒及配套工具	(1)若接杆设有锁定/快速脱落按钮,可通过该按钮快速锁定或脱落套筒。 (2)棘轮扳手具有单手操作转向功能,可根据需要选择拧紧或拧松模式。 (3)不得使用接杆撬动零件或螺栓螺母	□将套筒插入扳手驱动头的根部,组装套筒与配套工具 □检查并确认套筒与配套工具连接可靠
4. 拧松或拧紧螺栓螺母	注意: (1)拧紧螺栓或螺母,必须先手动拧入进行预紧再使用扳手,否则容易损伤螺纹。 (2)拧紧或拧松螺栓螺母都是向内拉动扳手。 (3)严禁使用冲击力敲击扳手,严禁用套管等加长扳手的力臂	□手动拧入螺栓或螺母至完全旋进螺纹 □将套筒套在螺栓或螺母上,保证无间隙 □一手扶压,另一手紧握手柄加力处 □脚步前后弓步稳定站立,加力手臂与套筒扳手呈90°左右夹角 □向内拉动扳手,缓慢加力,直至紧固或松开

续上表

步骤	操作方法及说明	质量标准及记录
5. 收纳与保管	注意：棘轮扳手需要定期维护、清洗，使用一段时间后，可适当加些轻质机油	□清洁套筒、扳手并归位 □防止掉落、敲击 □存放在定制工具柜或工具架上 □存放环境干燥、阴凉

2. 扳手的使用

扳手的使用操作方法及说明见表2-7。

扳手的使用操作方法及说明　　　表2-7

步骤	操作方法及说明	质量标准及记录
1. 使用梅花扳手	梅花扳手；均匀施加到六角头表面的压力 注意：使用梅花快板，拧紧时应避免在最后阶段使用棘轮端，拧松时应避免在初始阶段使用棘轮端，以避免损坏棘轮	□选择合适规格的梅花扳手 □选择一个位置套住螺栓头或者螺母，保证旋转的角度 □用梅花扳手套住螺栓的六角面，确认完全配合没有间隙，使螺栓的棱角与扳手平行 □一只手握紧扳手尾端，另一只手按住扳手与螺栓连接处 □向身体侧拉动扳手，顺时针方向拧紧、逆时针方向拧松
2. 使用开口扳手	开口扳手(扳手)；握住 旋转 螺母；将开口扳手转一周(扳手) 注意： (1) 开口扳手不适用于力矩需求较大的螺栓螺母； (2) 不得在手柄上套接加长杆，否则容易损坏螺栓或者扳手	□选择合适规格的开口扳手 □套住螺栓螺母，确认配合无间隙 □拉动扳手，顺时针方向为拧紧、逆时针方向为拧松 □对于锁紧双螺母的需采用两个开口扳手进行，作业时一只手握紧一个扳手，另一只旋转另一个扳手 使用开口扳手

续上表

步骤	操作方法及说明	质量标准及记录
3.使用活动扳手	当移动扳手时拧紧调节螺杆 注意： 使用活动扳手时应向固定侧施力，不得朝活动侧用力	□旋转调节螺杆改变孔径 □使孔径与螺栓或螺母头部配合完好 □使调节钳口在旋转方向上来转动扳手
4.收纳与保管		□清洁扳手并归位 □防止掉落、敲击 □存放在定制工具柜或工具架上 □存放环境干燥、阴凉

3.扭力扳手的使用

扭力扳手的使用操作方法及说明见表2-8。

扭力扳手的使用操作方法及说明　　　　表2-8

步骤	操作方法及说明	质量标准及记录
1.选择规格合适的扭力扳手	（1）查阅维修手册，获取待紧固螺纹件的力矩； （2）根据待紧固螺纹件的力矩选择合适的扭力扳手	□待紧固螺纹件的力矩 □正确选择力矩扳手
2.预设力矩值		□正确解锁力矩调节锁止机构 □正确设置所需力矩值 □正确锁止力矩调节锁止机构

续上表

步骤	操作方法及说明	质量标准及记录
3. 选择驱动头棘轮方向	顺时针模式　逆时针模式	□正确设置棘轮方向 □检验棘轮转动、锁定方向正确 定扭扳手的使用
4. 选择合适的套筒及连接杆		□正确选择套筒 □正确选择连接杆 □正确组装连接杆及套筒
5. 确认与待紧固件连接可靠		□将套筒插入力矩扳手驱动头的根部 □确认连接正确
6. 使用力矩扳手紧固	力矩扳手 修理手册中显示的例子　制动钳 88(900,65) N·m(kgf·cmft-1bf):规定力矩	□一手扶压使套筒紧贴螺栓或螺母 □一手手持力矩扳手手柄加力处 □保持加力手臂与力矩杆呈90°左右夹角 □向内拉动力矩扳手;顺序使用手臂、侧身力量缓缓加力 □缓慢加力至"咔哒"声后,停止加力,一次作业完毕
7. 收纳与保管	注意: 　　为确保力矩扳手的精度,首次使用或长期未使用的力矩扳手再次使用时,请务必在高力矩(最大输出力矩的90%)的状态下先操作5~10次,以使内部的精密部件能得到润滑剂的充分润滑,从而保证±3%的误差	□将预设力矩值归零或调至最小刻度 □清洁力矩扳手并归位 □防止力矩扳手掉落、敲击 □存放在定制工具柜或架上 □存放环境干燥、阴凉

4. 螺丝刀的使用

螺丝刀的使用操作方法及说明见表2-9。

螺丝刀的使用操作方法及说明 表2-9

步骤	操作方法及说明	质量标准及记录
1. 选择螺丝刀	(1) 选择螺丝刀类型; (2) 选择螺丝刀规格	□螺丝刀的类型 □螺丝刀的规格
2. 检查螺刀批外观	(1) 检查头部; (2) 检查金属杆; (3) 检查手柄	□头部应无磨损、锈蚀、变形和破裂 □金属杆应无锈蚀、弯曲、变形、断裂等情况 □手柄无打滑、变形、破裂等情况
3. 拧松或者拧紧螺钉	正确使用螺丝刀拧松螺钉	□拧松方式正确,螺丝刀应保持垂直,头部配合到位,用力适当 □螺丝刀、螺钉应无损坏
4. 收纳与保管		□清洁螺丝刀并归位 □存放环境干燥、阴凉

5. 钳类工具的使用

钳类工具的使用操作方法及说明见表2-10。

钳类工具的使用操作方法及说明 表2-10

步骤	操作方法及说明	质量标准及记录
1. 检查钳类工具外观	(1) 检查钳口状况; (2) 检查枢轴状况; (3) 检查手柄状况	□钳口应无磨损、锈蚀、变形和断裂等 □枢轴转动顺畅,无卡滞 □手柄无打滑、变形、脱落等
2. 弯折钢丝	弯折钢丝至规定形状	□正确选择钳类工具类型 □正确使用工具,工具使用后无损坏 □弯折后钢丝符合规定形状
3. 固定两块钢板	(1) 根据工作任务,选择合适的钳类工具类型; (2) 根据钢板厚度,调整钳口开度; (3) 固定钢板	□正确选择钳类工具类型 □正确调整钳口开度 □固定钢板后力度适中 □正确使用工具,工具使用后无损坏

项目二　汽车维修质量检验常用工具、仪器、设备及其使用

续上表

步骤	操作方法及说明	质量标准及记录
4.收纳与保管		□清洁钳类工具并归位 □防止钳类工具掉落、敲击 □存放在定制的工具柜或工具架上 □存放环境干燥、阴凉

6.敲击类工具的使用

敲击类工具的使用操作方法及说明见表2-11。

敲击类工具的使用操作方法及说明　　表2-11

步骤	操作方法及说明	质量标准及记录
1.锤子的握法	紧握法 木柄尾端露出15～30mm	□右手5个手指紧握锤柄，大拇指合在食指上，虎口对准锤头方向，木柄尾端露出15～30mm □在敲击和挥锤过程中，5个手指始终紧握锤柄
2.挥锤方法	腕挥一般用于需求捶击力较小的作业；臂挥，适用锤击力大的作业。 注意： 敲击时应注意观察铜棒，确保锤头面应与工作面平行，使锤面平整地锤击在铜棒上；锤击时铜棒不得歪斜，避免锤击损坏零件表面和造成人员伤害	□挥锤时仅依靠手腕的动作来进行捶击运动。 □挥锤时腕、肘和臂联合动作，挥锤时锤头要超过耳背
3.收纳与保管	清洁工具、零件并复位	□遵循5S管理要求 □远离量具等精密设备存放

任务评价

汽车维修质量检验常用工具考核评分记录见表2-12。

汽车维修质量检验常用工具考核评分记录表　　表2-12

类别	序号	项目	考核内容及要求	配分	评分标准 (各项配分扣完为止)	得分
专业知识 (30分)	1	套筒及配套工具	正确叙述其作用、分类及结构特点	5	能回答问题，但回答不完整，按比例扣分；不能回答，扣5分	
	2	扳手	正确叙述其作用、分类及结构特点	5	能回答问题，但回答不完整，按比例扣分；不能回答，扣5分	

35

续上表

类别	序号	项目	考核内容及要求	配分	评分标准（各项配分扣完为止）	得分
专业知识(30分)	3	扭力扳手	正确叙述其作用、分类及结构特点	5	能回答问题,但回答不完整,按比例扣分;不能回答,扣5分	
	4	螺丝刀	正确叙述其作用、分类及结构特点	5	能回答问题,但回答不完整,按比例扣分;不能回答,扣5分	
	5	钳类工具	正确叙述其作用、分类及结构特点	5	能回答问题,但回答不完整,按比例扣分;不能回答,扣5分	
	6	敲击类工具	正确叙述其作用、分类及结构特点	5	能回答问题,但回答不完整,按比例扣分;不能回答,扣5分	
操作技能(70分)	1	准备	准备工作齐全	5	准备不充分,一次扣2.5分	
	2	套筒及配套工具	能正确选用套筒及配套工具	10	缺一件,扣1分;选错一件,扣1分;使用不正确,扣5分;损坏、丢失一件工具,不得分	
	3	扳手	能正确选用扳手	10	缺一件,扣1分;选错一件,扣1分;使用不正确,扣5分;损坏、丢失一件工具,不得分	
	4	扭力扳手	能正确选用扭力扳手	10	缺一件,扣1分;选错一件,扣1分;使用不正确,扣5分;损坏、丢失一件工具,不得分	
	5	螺丝刀	能正确选用螺丝刀	10	缺一件,扣1分;选错一件,扣1分;使用不正确,扣5分;损坏、丢失一件工具,不得分	
	6	钳类工具	能正确选用钳类工具	10	缺一件,扣1分;选错一件,扣1分;使用不正确,扣5分;损坏、丢失一件工具,不得分	
	7	敲击类工具	能正确选用敲击类工具	10	缺一件,扣1分;选错一件,扣1分;使用不正确,扣5分;损坏、丢失一件工具,不得分	
	8	清理现场	清理并回收工具和设备	5	少收一件工具、设备,扣1分	
		分数总计		100	最终得分	

考核员签字：_____　　　　　　　　　　　日期：_____年____月____日

任务2　常用仪器设备及其使用(五级、四级、三级)

▶ 建议学时:4学时

考核要求

一、知识要求

1. 能叙述游标卡尺、螺旋测微器、百分表、厚薄规等量具的类别、功能及规格。
2. 能叙述试灯、万用表、兆欧表等电气检测设备的功能及使用要求。

二、技能要求

1. 能规范使用游标卡尺、螺旋测微器、百分表、厚薄规等量具进行质量检验。
2. 能规范使用试灯、万用表、兆欧表等电气检测设备进行质量检验。

任务准备

一、汽车维修质量检验常用仪器设备概述

汽车维修质量检验仪器设备种类很多,本任务主要介绍常用仪器设备,包括游标卡尺、螺旋测微器、百分表、厚薄规、试灯、万用表、兆欧表等。

1. 游标卡尺

游标深度尺主要用于测量孔、槽的深度及台阶的高度;游标高度尺主要用于测量工件的高度。游标卡尺有机械式、数显式和表盘式三种。

2. 螺旋测微器

螺旋测微器又称千分尺,是采用螺旋副传动、将螺旋回转运动变为直线运动的一种量具。螺旋测微器一般比游标卡尺精度高,用它测量长度可以精确到0.01mm。千分尺的类型包括外径螺旋测微器、内径螺旋测微器和深度螺旋测微器等。

3. 百分表

百分表是一种比较测量仪器,通过齿轮的放大机构、放大测量头的移动量,然后将其值用指针的偏摆量表现出来。百分表可测量长度、间隙、松动和圆跳动,还可以测量工件的直线度、平面度、平行度、同轴度、偏心距、内孔直径等。

4. 厚薄规

厚薄规又称塞尺,是用来检测两个结合面之间间隙大小的片状量规,由一组具有不同厚度级差的薄钢片组成。

5. 试灯

试灯主要由导线、搭铁夹和带手柄的探针或各种型号的发光源组成。使用试灯对电路进行检测,应用广泛。试灯一般分为无源试灯和有源试灯,汽车维修质量检验常用的是无源试灯。

6. 万用表

万用表又称为多用表，是一种多功能、多量程的测量仪表，通常可测量交直流电流、交直流电压、电阻，有的还可以测量二极管、电容量、频率、温度等参数。万用表按测量数值显示方式不同，常分为指针式万用表和数字式万用表。

7. 兆欧表

兆欧表是高电压车辆维修常用的一种测量仪器，主要用来检查电气设备、线路，避免发生触电伤亡及设备损坏等事故。兆欧表可分为手摇式、电动式。

二、汽车维修质量检验常用仪器设备工具认知

1. 游标卡尺

图 2-1 所示为机械式游标卡尺的结构。副尺(游标尺)可以左右移动。外测量爪用于测量外表面，内测量爪用于测量内表面，深度尺用于测量深度。

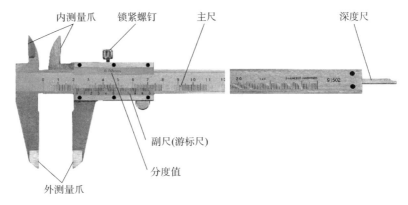

图 2-1　机械式游标卡尺的结构

小提示：

如图 2-2 所示，游标卡尺的主尺每一格是 1mm，副尺一共有 50 格，这 50 格的总长度是 49mm，即副尺每一格为 0.98mm。主尺与副尺每格相差 0.02mm，正是该游标卡尺的分度值（最小读数值）。

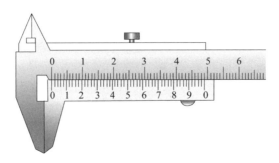

图 2-2　游标卡尺主尺刻线和副尺刻线

常用游标卡尺的分度值有 3 种：0.1mm、0.05mm 和 0.02mm，其副尺分别是 10 格、20 格和 50 格。

2. 螺旋测微器

图 2-3 所示为外径螺旋测微器的结构。旋转微分筒或测力装置,测微螺杆将沿轴线方向移动。

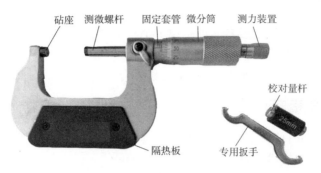

图 2-3　外径螺旋测微器的结构

3. 百分表

图 2-4 所示为机械式百分表的外部结构。百分表的测量杆每移动 1mm,通过齿轮传动系统,使长指针沿微分表盘转动 1 圈。微分表盘被分为 100 格,当长指针转过 1 格时,表示所测量尺寸变化为 1mm/100 = 0.01mm,所以,百分表的分度值为 0.01mm。此外,长指针每转动 1 圈时,短指针转动 1 格,所以短指针 1 格为 1mm。

4. 厚薄规

图 2-5 所示为厚薄规的结构,每一片尺片上都标注了其厚度,尺架起到保护尺片的作用,螺母可调节松紧。

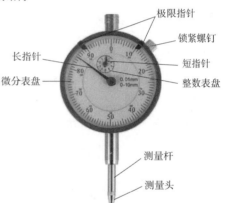

图 2-4　机械式百分表的外部结构

5. 万用表

在汽车维修过程中常使用数字式万用表,数字式万用表具有很高的准确度与分辨力,显示清晰直观,功能齐全,测量速度快,过载能力强,便于携带。图 2-6 所示为掌上型数字式万用表。

6. 兆欧表

图 2-7 所示为电动式兆欧表,为仪器自带电源供电式。

图 2-5　厚薄规的结构

图 2-6　掌上型数字式万用表

图 2-7　电动式兆欧表

一、实训资源

(1)实训场地:汽车实训场或者实训工位1个。
(2)实训设备:实训车辆1辆或者实训台架1个。
(3)工具耗材与设备:工具车1套,常用工具1套。

二、安全注意事项

(1)游标卡尺使用时要轻拿轻放,棱角锋利容易扎手。
(2)量具不能和工具、零部件等随意堆放在一起。
(3)禁止在磁性环境和工件运动时测量,以免发生事故或造成损坏。

三、操作过程

1. 游标卡尺的使用

游标卡尺的使用操作方法及说明见表2-13。

游标卡尺的使用操作方法及说明　　　　　表2-13

步骤	操作方法及说明	质量标准及记录
1. 清洁和校零	（图示） 小提示: 测量爪合拢后,如漏光严重,则游标卡尺应更换。 主尺、副尺零刻线对不齐时,应记录误差	□拧松锁紧螺钉 □左右移动副尺,应活动自如,无过紧或过松 □用不掉毛的干净软布将测量爪的测量面擦拭干净 □将测量爪合拢,对着光亮处看,应密不透光 □测量爪合拢后,副尺和主尺的零刻线应对齐 （二维码） 游标卡尺的使用
2. 使用游标卡尺进行测量	（图示）	□清洁工件的被测表面 □轻轻移动副尺至测量爪接触工件表面 □适当拧紧锁紧螺钉 □读数时,视线与被读刻线垂直,避免产生视觉误差 □对同一尺寸多测几次,取其平均值来减少误差

续上表

步骤	操作方法及说明	质量标准及记录
3.游标卡尺读数方法（以分度值0.02mm的游标卡尺为例）	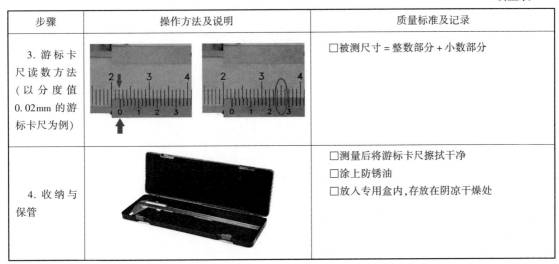	□被测尺寸＝整数部分＋小数部分
4.收纳与保管		□测量后将游标卡尺擦拭干净 □涂上防锈油 □放入专用盒内，存放在阴凉干燥处

2.螺旋测微器的使用

螺旋测微器的使用操作方法及说明见表2-14。

螺旋测微器的使用操作方法及说明　　　　　　　　　　　　表2-14

步骤	操作方法及说明	质量标准及记录
1.清洁和校零		□松开锁紧装置 □旋转微分筒，使测微螺杆离开砧座，用不掉毛的干净软布将砧座和测微螺杆端面擦拭干净 □旋转微分筒，当测微螺杆与砧座靠近时，再缓慢地旋转测力装置，使测微螺杆接触砧座，听到2～3声"咔咔"声后停止旋转 □检查：微分筒是否离线或压线，如果出现离线或压线，需调整 □检查：微分筒零刻线应与固定套管上的基准线对齐，如果未对齐，在拧紧锁紧装置后，使用专用扳手转动固定套管使零位对齐
2.使用千分尺进行测量		□清洁工件的被测表面 □旋转微分筒，当测微螺杆与砧座靠近时，再缓慢地旋转测力装置，使测微螺杆接触工件的被测表面，听到2～3声"咔咔"声后停止旋转 □适当拧紧锁紧螺钉 □读数时，视线与被读刻线垂直，避免产生视觉误差 □对同一尺寸多测几次，取其平均值来减少误差

41

续上表

步骤	操作方法及说明	质量标准及记录
3. 千分尺读数方法	小提示： 微分筒一圈的刻度总共50格，每旋转两圈，其沿固定套管轴向移动1格即1mm，所以微分筒每一格是0.01mm。为区分微分筒的两圈旋转，固定套管上除了标注整数刻度，还标注了半刻度，读数时注意区分	被测尺寸 = 整数部分 + 小数部分
4. 收纳与保管		□测量后将千分尺擦拭干净 □涂上防锈油 □放入专用盒内，存放在阴凉干燥处

3. 百分表的使用

百分表的使用操作方法及说明见表2-15。

百分表的使用操作方法及说明 表2-15

步骤	操作方法及说明	质量标准及记录
1. 百分表安装和调零		□组装磁性表座 □将磁性表座稳固吸附在铁磁金属表面，并调整好角度 □清洁工件的被测表面 □拧紧并清洁百分表测量头 □将百分表夹持到磁性表座（百分表测量头与被测表面垂直接触，且百分表预压1~2圈） □拧松百分表锁紧螺钉，小心转动微分表盘，使其零刻线与长指针对齐 □用手轻轻拉动和释放百分表测量杆顶端数下，再次检查零位对齐 □注意观察此时短指针的位置

42

续上表

步骤	操作方法及说明	质量标准及记录
2. 使用百分表进行测量		□测量间隙:用包布的一字螺丝刀,通过撬动,使工件左右移动 □测量圆跳动:用V形块支撑工件,缓慢旋转工件超过一周 □读数时,视线与百分表表盘垂直,避免产生视觉误差 □对同一尺寸多测几次,取其平均值来减少误差
3. 百分表读数方法		测量值 = 整数部分 + 小数部分 整数部分:观察短指针转过的格数(与调零位置相比),每转动1整格为1mm。 小数部分:观察长指针转过的格数(与微分表盘0刻线相比),1格为0.01mm,顺时针为正值,逆时针为负值 百分表读数方法
4. 收纳与保管		□测量后将百分表、磁性表座擦拭干净 □涂上防锈油 □放入专用盒内,存放在阴凉、干燥处

4. 厚薄规的使用

厚薄规的使用操作方法及说明见表2-16。

厚薄规的使用操作方法及说明　　　　　　　　　　　表2-16

步骤	操作方法及说明	质量标准及记录
1. 清洁和检查		□稍微拧松厚薄规螺母 □将全部尺片一起从尺架中拉出 □根据待测尺寸范围,选择合适厚度的尺片 □将其他尺片一起合到尺架内 □用不掉毛的干净软布将尺片擦拭干净 □检查尺片是否生锈或损坏

续上表

步骤	操作方法及说明	质量标准及记录
2.使用厚薄规进行测量		□清洁工件的被测表面 □将厚薄规插入被测间隙中,来回拉动厚薄规,感到稍有阻力则说明该间隙值接近厚薄规上所标示数值 □厚薄规尺片可以数片重叠在一起使用,不过,重叠片数越多,测量误差越大
3.塞尺读数方法		□例如用0.25mm厚薄规可以插入间隙,而用0.30mm插不进去,说明间隙在0.25~0.30mm之间 □一般来说,假如用0.25mm厚薄规可以插入间隙,并感到稍有阻力,可以将间隙记录为0.25mm
4.收纳与保管		□测量后将尺片擦拭干净 □将全部尺片一起从尺架中拉出 □涂上防锈油 □将全部尺片一起合到尺架内 □稍微拧紧厚薄规螺母 □放入专用盒内,存放在阴凉、干燥处

5.万用表的使用

万用表的使用操作方法及说明见表2-17。

万用表的使用操作方法及说明　　　表2-17

步骤	操作方法及说明	质量标准及记录
1.认识万用表界面		结合万用表实物及说明书,查找指出下列区域或部件: □数字显示区域,俗称表头 □选择开关区域 □测试表笔连接孔区域 □测试表笔

项目二 汽车维修质量检验常用工具、仪器、设备及其使用

续上表

步骤	操作方法及说明	质量标准及记录
2. 识别万用表表笔		□识别表笔颜色 □表笔上的护指装置
3. 识别万用表表笔连接孔并正确连接		□识别"COM"端子:测量电压、电流、电阻、二极管、通断和电容时的公共端子 □识别"A"端子:测量≥400mA 的电流时的输入端子 □识别" V/Ω/⊢/⇥ μA/mA "端子:测量电压、电流(<400mA)电阻、二极管、通断和电容时的输入端子
4. 识别与验证选择开关区域		□识别旋钮选择开关: OFF:万用表关机;)))):通断测试挡; ▶︎⊢:二极管测试挡; $\underline{\underline{DC}}$:直流测试挡; $\widetilde{AC}$:交流测试挡; ⊣⊢:电容测试挡。 □验证 RANGE 功能键: 用于在自动量程模式和手动量程模式间进行切换以及选择所需的手动量程。 □验证 HOLD 功能键: 该按钮用于进入或退出数据保持模式,长按 2s 设置屏幕背光
5. 识别数字显示区域		符号解释:)))):通断测试; ▶︎⊢:二极管测试; Autorange:自动量程模式; H:数据保持模式; $\underline{\underline{DC}}$:直流; ■:负号; $\widetilde{AC}$:交流; △:相对值测量模式; 🔋:电池电量不足,必须立刻更换电池; ⏲:自动关机功能已开启; ⚡:危险电压警示符

续上表

步骤	操作方法及说明	质量标准及记录
6.万用表连接与自检		□连接黑色表笔至"COM"端子； □连接红色表笔至"V/Ω/+/→ μA/mA"端子 □切换旋转开关至"🔊"挡位 □查看数字显示屏应无"🔋"警告 □将红、黑表笔金属探针接触 □读取仪表含表笔内阻,应小于1Ω □红、黑表笔脱离时应显示"OL"

6. 兆欧表的使用

兆欧表的使用操作方法及说明见表2-18。

兆欧表的使用操作方法及说明　　　　　表2-18

步骤	操作方法及说明	质量标准及记录
1.选择规格合适的电压量程	2018 帝豪EV350/450维修手册 本维修手册提供了帝豪EV350/450车型的规格、修断、维修服务信息 小提示： 如样例车型维修手册明确要求使用设定为500V的兆欧表,使用设定高于500V的兆欧表可能会导致正在检测的零部件损坏	□确认驱动电机额定电压 □查阅手册确认合适电压量程：＿＿＿＿V
2.明确测量前准备		□查阅说明书,明确测量须知警告 □请勿在带电状态下进行绝缘电阻测量 □测量期间,测量端子上会产生危险电压,切勿触摸测试线的金属部分 □刚刚测量之后,请勿触摸被测对象,否则可能因充电电荷而导致触电事故
3.使用兆欧表测试驱动电机三相与壳体绝缘电阻	BV18接电机控制器线束连接器 小提示： 测量之后,需对被测对象进行放电。 如果测量带有电容、电感成分的被测物体,则会在电容、电感成分上进行相当于额定测量电压的电荷充电,因此,可能会导致触电事故。有些兆欧表设计有测量后放电功能,可以通过仪器进行放电;有些兆欧表设计则没有,可以采取短接接地的方式放电	□将"MEASURE"键设为"OFF"状态 □将兆欧表的挡位调至500V □将黑色测试线连接到电机壳体 □将红色测试线连接到被测相位端子 □按住"MEASURE"键,待显示稳定之后确认数值

续上表

步骤	操作方法及说明	质量标准及记录
4. 测量后放电	(图示：OFF档) (图示：放电中 57.9 HOLD 点亮)	□在测试线不脱开被测对象的状态下,将"MEASURE"测试开关设为"OFF"状态 □通过仪器内的放电电阻自动对被测对象上残余的电荷进行放电 □放电结束时,"⚡"标记熄灭 □关闭功能开关至"OFF"挡位 □断开测试连接线束
5. 仪器整理与保存	请不要把兆欧表放置在以下场所,否则,会造成仪器的故障或事故: (1) 日光直射的场所或高温场所; (2) 产生腐蚀性气体、爆炸性气体的场所; (3) 产生强电磁波的场所或带电物件附近; (4) 感应加热装置附近(高频感应加热装置、IH电磁炉等); (5) 机械振动频繁的场所; (6) 受水、油、化学剂与溶剂等影响的场所; (7) 潮湿、结露的场所; (8) 灰尘多的场所	

任务评价

汽车维修质量检验常用仪器设备考核评分记录见表2-19。

汽车维修质量检验常用仪器设备考核评分记录表　　　　表2-19

类别	序号	项目	考核内容及要求	配分	评分标准 (各项配分扣完为止)	得分
专业知识 (30分)	1	游标卡尺	正确叙述其作用、分类及结构特点	5	能回答问题,但回答不完整,按比例扣分;不能回答,扣5分	
	2	螺旋测微器	正确叙述其作用、分类及结构特点	5	能回答问题,但回答不完整,按比例扣分;不能回答,扣5分	
	3	百分表	正确叙述其作用、分类及结构特点	5	能回答问题,但回答不完整,按比例扣分;不能回答,扣5分	
	4	厚薄规	正确叙述其作用、分类及结构特点	5	能回答问题,但回答不完整,按比例扣分;不能回答,扣5分	
	5	万用表	正确叙述其作用、分类及结构特点	5	能回答问题,但回答不完整,按比例扣分;不能回答,扣5分	
	6	兆欧表	正确叙述其作用、分类及结构特点	5	能回答问题,但回答不完整,按比例扣分;不能回答,扣5分	

47

续上表

类别	序号	项目	考核内容及要求	配分	评分标准（各项配分扣完为止）	得分
操作技能(70分)	1	准备	准备工作齐全	5	准备不充分,一次扣2.5分	
	2	游标卡尺	能正确选用游标卡尺	10	使用不正确,扣5分；损坏、丢失一件工具,不得分	
	3	螺旋测微器	螺旋测微器	10	使用不正确,扣5分；损坏、丢失一件工具,不得分	
	4	百分表	能正确选用百分表	10	使用不正确,扣5分；损坏、丢失一件工具,不得分	
	5	厚薄规	能正确选厚薄规	10	使用不正确,扣5分；损坏、丢失一件工具,不得分	
	6	万用表	能正确选用万用表	10	使用不正确,扣5分；损坏、丢失一件工具,不得分	
	7	兆欧表	能正确选用兆欧表	10	使用不正确,扣5分；损坏、丢失一件工具,不得分	
	8	清理现场(5S管理)	清理、擦洗并回收工具和设备	5	少收一件工具、设备,扣1分	
分数总计				100	最终得分	

考核员签字：_____   日期：_____年____月____日

项目三　汽车维护工艺质量检验

项目描述

汽车使用过程中,各零部件会产生不同程度的磨损、松动和机械损伤,如果不及时采取必要的技术措施,汽车的可靠性、动力性、经济性会随之降低,甚至发生意外。因此,车辆定期维护是最为常见的作业项目,维护工艺质量也成了车辆性能保障的关键。

本项目通过对汽车维护作业的分级、工作内容及技术要求、作业质量检验标准进行讲解,使学员掌握汽车维护作业与技术标准、质量检验与评定的专业知识和操作要点。其中,任务1对应汽车维修检测工五级职业能力,任务2对应汽车维修检测工四级职业能力。

任务1　汽车一级维护作业质量检验与评定(五级)

▶ 建议学时:4学时

一、知识要求

1. 能阐述汽车维护作业的分级和周期。
2. 能叙述汽车日常维护作业内容及技术要求。
3. 能叙述汽车一级维护作业内容及技术要求。

二、技能要求

1. 能准确查找汽车一级维护作业技术标准。
2. 能正确实施汽车一级维护作业质量检验与评定。

任务准备

一、汽车维护工艺质量检验基础知识

1. 汽车维护与分级

汽车维护是指对汽车相关系统进行检查、清洁、补给、润滑、调整或者更换零件的预防性工作。根据国家相关标准要求,汽车维护主要内容分为日常维护、一级维护和二级维护。

(1)日常维护:以清洁、补给和安全性能检视为中心为内容的维护作业,由驾驶人负责执行。

(2)一级维护：除日常维护工作外，以润滑、紧固为作业中心，并检查有关制动、操纵等系统中的安全部件的维护作业，由专业汽车维修企业负责执行。

(3)二级维护：除一级维护工作外，以检查、调整制动系统、转向系统、悬架装置等安全部件，并拆检轮胎，进行轮胎换位，检查调整发动机工作状况和汽车排放相关系统等为主的维护作业，由专业汽车维修企业负责执行。

2．汽车维护周期

(1)日常维护周期分为出车前、行车中和收车后。

(2)一级维护和二级维护周期：汽车一级维护、二级维护周期的确定应以汽车生产厂家车辆维修资料规定的行驶里程间隔为基本依据。普通乘用车辆一级维护、二级维护推荐周期详见表3-1。

普通乘用车辆一级维护、二级维护推荐周期　　　表3-1

适用车型	维护周期	
	一级维护行驶里程间隔上限值	二级维护行驶里程间隔上限值
普通乘用车	2000～3000km	36000～40000km

注：对于以山区、沙漠、炎热、寒冷等特殊运行环境为主的普通乘用车辆，可适当缩短维护周期。

二、汽车维护作业内容及技术要求

为规范汽车维修企业的经营行为，保障车辆维护及维修质量，国家相关部门制定了《汽车维护、检测、诊断技术规范》(GB/T 18344)，规范规定了汽车日常维护、一级维护及二级维护作业内容及要求。

1．汽车日常维护作业内容及技术要求

汽车日常维护作业内容及技术要求见表3-2。

汽车日常维护作业内容及技术要求　　　表3-2

序号	作业项目	作业内容	技术要求	维护周期
1	车辆外观及附属设施	检查、清洁车身	车身外观及客车车厢内部整洁，车窗玻璃齐全、完好	出车前、收车后
		检查后视镜，调整后视镜角度	后视镜完好、无损毁，视野良好	出车前
		检查灭火器、客车安全锤	灭火器配备数量及放置位置符合规定，且在有效期内	出车前、收车后
		检查安全带	安全带固定可靠、功能有效	出车前
		检查风窗玻璃刮水器	刮水器各挡位工作正常	出车前
2	发动机	检查发动机机油、冷却液液面高度，视情补充	油(液)面高度符合规定	出车前

续上表

序号	作业项目	作业内容	技术要求	维护周期
3	制动系统	制动系统自检	自检正常,无制动报警灯闪亮	出车前
		检查制动液液面高度,视情补给	液面高度符合规定	出车前
		检查行车制动、驻车制动	行车制动、驻车制动功能正常	出车前
4	车轮及轮胎	检查轮胎外观、气压	轮胎表面无破裂、凸起、异物刺入及异常磨损,轮胎气压符合规定	出车前、行车中
		检查车轮螺栓、螺母	齐全完好,无松动	
5	照明、信号、指示装置及仪表	检查前照灯	前照灯完好、有效,表面清洁,远近光变换正常	出车前
		检查信号指示装置	转向灯、制动灯、示廓灯、危险报警闪光灯、雾灯、喇叭、标志灯及反射器等信号指示装置完好有效,表面清洁	出车前
		检查仪表	工作正常	出车前、行车中

注:"符合规定"指符合车辆维修资料等有关技术文件的规定,以下同。

2.汽车一级维护作业内容及技术要求

汽车一级维护作业项目包括日常维护项目,其作业项目及技术要求见表3-3。

汽车一级维护作业内容及技术要求　　　　表3-3

序号	作业项目		作业内容	技术要求
1	发动机	空气滤清器、机油滤清器	清洁或更换	按规定的里程或时间清洁或更换滤清器。机油滤清器应清洁,衬垫无残缺,滤芯无破损。滤清器安装牢固,密封良好
2		发动机机油及冷却液	检查油(液)面高度,视情更换	按规定的里程或时间更换润滑油、冷却液,油(液)面高度符合规定
3	转向系统	部件连接	检查、校紧万向节、横直拉杆、球头销和转向节等部位连接螺栓螺母	各部件连接可靠
4		转向器润滑油及转向助力油	检查油面高度,视情更换	按规定的里程或时间更换转向器润滑油及转向助力油,油面高度符合规定
5	制动系统	制动管路及接头	检查制动管路及接头,校紧接头	制动管路、制动阀固定可靠,接头紧固,无漏气(油)现象
		制动液	检查液面高度,视情更换	按规定的里程或时间更换制动液,液面高度符合规定

续上表

序号	作业项目		作业内容	技术要求
6	传动系统	各连接部位	检查、校紧变速器、传动轴、驱动桥壳、传动轴支撑等部位连接螺栓、螺母	各部位连接可靠,密封良好
		变速器、主减速器和差速器	清洁通气孔	通气孔通畅
7	车轮	车轮及半轴的螺栓螺母	校紧车轮及半轴的螺栓、螺母	拧紧力矩符合规定
		轮辋及压条挡圈	检查轮辋及压条挡圈	轮辋及压条挡圈无裂损及变形
8	电器及其他	蓄电池	检查蓄电池	液面高度符合规定,通气孔畅通,电桩、夹头清洁、牢固,免维护蓄电池电量状况指示正常
		防护装置	检查侧防护装置及后防护装置,校紧螺栓螺母	完好有效,安装牢固
		全车润滑	检查、润滑各润滑点	润滑嘴齐全有效,润滑良好。各润滑点防尘罩齐全完好。集中润滑装置工作正常,密封良好
		整车密封	检查泄漏情况	全车不漏油、不漏液、不漏气

任务实施

一、实训资源

(1)实训场地:理实一体化教室1个。
(2)实训设备:轿车1辆。
(3)工具耗材与设备:工具车1套,常用工具1套、冰点测试仪1套、花纹深度尺1个、胎压表1个。

二、安全注意事项

(1)操作人员应穿着工作服和工作鞋,必要时佩戴护目镜、耳塞和口罩。
(2)使用电动设备,应严格按照其额定电压、频率提供电源。
(3)使用举升设备举升、下降过程中,注意学员和车辆安全。

三、操作过程

在汽车一级维护作业过程中,进行质量检验时按照《汽车维护、检测、诊断技术规范》(GB/T 18344)开展全面的过程质量检验,主要检测内容包括:发动机一级维护检验、底盘一级维护检验、电器及其他一级维护检验三项,详细的检验操作方法及质量标准如下。

1. 发动机一级维护作业内容检验

发动机在完成一级维护后,应对发动机空气滤清器、机油及燃油滤清器进行清洁检视,以确保固定牢靠,密封良好,同时对机油、防冻液液位及散热器表面进行检视,确保发动机工作性能良好。发动机一级维护作业内容检验操作方法及说明见表3-4。

发动机一级维护作业内容检验操作方法及说明　　　　　表3-4

步骤	操作方法及说明	质量标准及记录
1. 检视空气滤清器	(1)对照维修业务委托书,确认是否按规定里程清洁或更换空气滤清器; (2)目视检查更换部件	□按规定的里程或时间清洁或更换空气滤清器 □空气滤清器清洁,衬垫无残缺、滤芯无破损 □空气滤清器安装牢固,密封良好
2. 检视机油滤清器	(1)对照维修业务委托书,确认是否按规定里程清洁或更换机油滤清器; (2)目视检查更换部件	□按规定的里程或时间清洁或更换及机油滤清器 □机油滤清器清洁,衬垫无残缺、滤芯无破损 □机油滤清器安装牢固,密封良好
3. 检视燃油滤清器	(1)对照维修业务委托书,确认是否按规定里程清洁或更换燃油滤清器; (2)目视检查更换部件	□按规定的里程或时间清洁或更换燃油滤清器 □燃油滤清器清洁,衬垫无残缺、滤芯无破损 □燃油滤清器安装牢固,密封良好
4. 检视机油、冷却液的液位	(1)对照维修业务委托书,确认是否按规定里程更换机油、冷却液; (2)检查机油油位; (3)检查冷却液液位;	□确认机油是需要更换 □机油油位检验: □正常 □不正常,说明如何操作 检视冷却液的液位 □确认冷却液是否需要更换 □确认冷却液选用型号 冷却液液位检验: □正常 □不正常,说明(如何操作)

续上表

步骤	操作方法及说明	质量标准及记录
5. 检查冷却液冰点	使用冰点测试仪检测防冻液冰点是否符合正常要求	检测防冻液冰点： □ 防冻液冰点正常 □ 防冻液冰点不符合正常要求，说明如何操作
6. 检视机油、冷却液泄漏情况	(1) 检查发动机无机油泄漏。 (2) 检查冷却系统管路无泄漏	□ 检查是否存在油液泄漏
7. 检视发动机散热器表面污物	检查散热器表面是否清洁	□ 散热器表面清洁 □ 散热器表面存在污物，需使用压缩空气枪清理
8. 检验结果处置	(1) 检查状况无异常，则检验结果正常。 (2) 检验发现有异常，则需要返修	□ 检验结果正常 □ 检验结果异常，需返修

2. 底盘一级维护作业内容检验

底盘一级维护是维持汽车性能良好的保障。底盘一级维护包括转向系统、制动系统、车轮及轮胎、传动系统等方面的维护。底盘一级维护作业内容检验操作方法及说明见表3-5。

底盘一级维护作业内容检验操作方法及说明　　　　表3-5

步骤	操作方法及说明	质量标准及记录
1. 检查转向系统部件连接	(1) 检查万向节、横直拉杆、球头销和转向节等部位连接螺栓、螺母是否拧紧。 (2) 目视检查转向系统各部件弯曲和损坏情况。 (3) 目视检查转向系统各部件防尘套开裂和撕裂情况。 (4) 目视检查各连接球头的润滑情况	□ 转向系统各部件是否松动和摇摆 □ 转向系统各部件有无弯曲和损坏 □ 转向系统各部件防尘套是否开裂和撕裂 各润滑部位检验： □ 各连接球头的润滑正常 □ 连接球头存在润滑不良现象，说明如何加注润滑脂

续上表

步骤	操作方法及说明	质量标准及记录
2.检视转向助力油的油位	检查转向助力油油面高度是否正常	□确认转向助力油是否需要更换 转向助力油油位检验： □正常 □不正常,说明如何操作
3.检视制动管路及接头	检查制动管路是否破损、变形；制动管接头是否紧固	□制动管路固定可靠,制动管路接头紧固可靠 □无漏气(油)现象
4.检视制动液的液位	对照维修业务委托书,确认是否按规定里程更换机制动液	□确认制动液是否需要更换 □确认制动液选用型号 制动液液位检验： □正常 □不正常,说明如何操作
5.检视各连接部位	检查变速器、传动轴、驱动桥壳、传动轴支撑等部位连接螺栓、螺母紧固情况	□各部位连接可靠,密封良好
6.检视变速器、主减速器和差速器	(1)检查、清洁变速器、主减速器和差速器通气孔； (2)检查变速器、主减速器油面高度； (3)检查变速器、主减速器无漏油	□变速器、主减速器的通气孔通畅 □变速器油面高度符合工作要求 □变速器、主减速器无漏油现象

续上表

步骤	操作方法及说明	质量标准及记录
7.检视车轮及轮胎	(1)检查车轮及半轴的螺栓、螺母紧固情况;	□车轮固定螺栓、螺母扭紧力矩符合规定 标准力矩为:＿＿＿＿
	(2)检查车轮和轮胎外观是否存在损伤;	□车轮外观无损伤 □轮胎表面无破裂、凸起、异物刺入及异常磨损 检视车轮
	(3)检查轮胎花纹深度是否符合标准值范围;	□轮胎花纹深度检测: 左前:＿＿＿＿ 右前:＿＿＿＿ 左后:＿＿＿＿ 右后:＿＿＿＿ 备胎:＿＿＿＿
	(4)检查各轮胎气压是否在标准值范围内	□轮胎胎压检测: 左前:＿＿＿＿ 右前:＿＿＿＿ 左后:＿＿＿＿ 右后:＿＿＿＿ 备胎:＿＿＿＿
8.检验结果处置	(1)检查状况无异常则检验结果正常; (2)当检验发现有异常,则需要返修	□检验结果正常 □检验结果异常,需返修

3.电器及其他一级维护作业内容检验

汽车在维护后,要进行电气设备及其他附属设备的检查,以逐一操作激活方式检验各功能是否正常,具体操作方法及说明见表3-6。

电器及其他一级维护作业内容检验操作方法及说明　　　　表3-6

步骤	操作方法及说明	质量标准及记录
1.检查灯光、仪表、信号系统功能	(1)检查内部照明功能是否正常: ①检查常亮、常闭、车门激活三种工作模式状态; ②检查前后排阅读灯状态; ③检查行李舱区域灯在打开和关闭位置的灯光状态; ④检查手套灯状态; ⑤检查驾驶员侧和副驾驶员侧的化妆镜灯状态。	内部照明检验情况: □车内照明灯正常 □车内阅读灯正常 □行李舱区域灯正常 □手套箱灯正常 □化妆镜灯正常

续上表

步骤	操作方法及说明	质量标准及记录
1. 检查灯光、仪表、信号系统功能	(2)检查外部照明功能是否正常： ①检查前部照明灯：远光灯、近光灯、前雾灯、示廓灯； ②检查前部信号灯：左转向灯、右转向灯、危险报警闪光灯； ③检查后部照明灯：后雾灯、示廓灯、牌照灯； ④检查后部信号灯：左转向灯、右转向灯、危险报警闪光灯、倒车灯、制动灯。 (3)检查仪表功能是否正常，观察仪表指示灯的显示情况	外部照明检验情况： □前部照明正常 □前部信号灯正常 □后部照明灯正常 □后部信号灯正常 □仪表指示灯无异常显示 □多功能信息屏无维修信息显示
2. 检查喇叭、刮水器、中控门锁、电动后视镜、电动座椅等辅助电器系统功能	检查辅助电器系统功能是否正常： (1)检查喇叭； (2)检查刮水器各挡位； (3)检查中控门锁； (4)检查电动后视镜； (5)检查电动座椅	辅助电器系统检验情况： □喇叭正常 □刮水器各挡位正常 □中控锁正常 □电动后视镜正常 □电动座椅正常
3. 检查空调系统功能	检查空调系统功能是否正常： (1)温度调节检查； (2)风量调节检查； (3)制冷功能检查； (4)加热功能检查； (5)前风窗玻璃和车窗除霜功能检查； (6)车窗快速除霜功能检查； (7)温度同步调节功能检查； (8)内外循环功能检查	空调系统检验情况： □温度调节正常 □风量调节正常 □制冷功能正常 □加热功能正常 □前风窗玻璃和车窗除霜正常 □车窗快速除霜正常 □温度同步调节正常 □内外循环功能正常
4. 检查蓄电池	检查蓄电池是否正常： (1)目视检查蓄电池外观应完好； (2)检查极桩连接可靠，无异物； (3)检查排气孔是否损坏或堵塞	□蓄电池极外观清洁 □蓄电池极桩清洁、连接可靠 □排气孔通畅，无损坏或堵塞
5. 检查防护装置	检查侧防护装置及后防护装置的螺栓、螺母固定情况	□完好有效，安装牢固
6. 检查全车润滑	检查、润滑各润滑点	□润滑嘴齐全有效，润滑良好；各润滑点防尘罩齐全完好，密封良好
7. 检查整车密封	检查全车泄漏情况	□全车不漏油、不漏液、不漏气
8. 检验结果处置	检查状况无异常，则检验结果正常； 当检验发现有异常，则需要返修	□检验结果正常 □检验结果异常，需返修

任务评价

汽车维护作业与技术标准考核评分记录见表3-7。

汽车维护作业与技术标准考核评分记录表 表3-7

类别	序号	项目	考核内容及要求	配分	评分标准（各项配分扣完为止）	得分
专业知识（30分）	1	汽车维护作业的分级和周期	正确描述汽车维护作业的分级	3	能回答问题，但回答不完整，按比例扣分；不能回答，扣3分	
			正确描述汽车各维护作业的周期	3	能回答问题，但回答不完整，按比例扣分；不能回答，扣3分	
	2	汽车日常维护作业内容及技术要求	正确描述汽车日常维护作业的内容	4	能回答问题，但回答不完整，按比例扣分；不能回答，扣4分	
			正确描述汽车日常维护作业的技术要求	8	能回答问题，但回答不完整，按比例扣分；不能回答，扣8分	
	3	汽车一级维护作业内容及技术要求	正确描述汽车一级维护作业的内容	4	能回答问题，但回答不完整，按比例扣分；不能回答，扣4分	
			正确描述汽车一级维护作业的技术要求	8	能回答问题，但回答不完整，按比例扣分；不能回答，扣8分	
操作技能（70分）	1	劳保用品穿戴	劳保用品穿戴齐全	5	穿戴不全，不得分	
	2	正确选用工具、设备、材料	选用工具、设备、材料齐全准确	5	缺一件，扣1分；选错一件，扣1分	
	3	准备	准备工作齐全	5	准备不充分，一次扣2.5分	
	4	一级维护作业质量检验与评定	能准确查找汽车一级维护作业技术标准	20	能写出问题，但归纳不完整，按比例扣分；不能写出，扣20分	
			能正确实施汽车一级维护作业质量检验与评定	25	能写出问题，但归纳不完整，按比例扣分；不能写出，扣25分	
	5	正确使用工具、设备、材料	工具、设备使用正确	5	一种工具、设备、材料使用不正确，扣2分	
					损坏、丢失一件工具，不得分	
	6	清理现场	清理并回收工具和设备	5	少收一件工具、设备，扣1分	
		分数总计		100	最终得分	

考核员签字：＿＿＿＿＿＿＿＿＿＿＿＿ 日期：＿＿＿＿＿年＿＿＿月＿＿＿日

任务2　汽车二级维护作业质量检验与评定(四级)

▶ 建议学时:4学时

考核要求

一、知识要求

1. 能叙述汽车二级维护作业内容。
2. 能叙述汽车二级维护作业维修质量标准。

二、技能要求

1. 能准确查找汽车二级维护作业维修质量标准。
2. 能正确实施汽车二级维护作业质量检验与评定。

任务准备

一、汽车二级维护作业内容

二级维护是指除一级维护工作外,以检查、调整制动系统、转向系统、悬架装置等安全部件,并拆检轮胎,进行轮胎换位,检查调整发动机工作状况和汽车排放相关系统等为主的维护作业,由专业维修企业负责执行。

二、汽车二级维护作业维修质量标准

汽车二级维护作业项目包括进厂检测、基本作业和附加作业、二级维护过程检验、竣工检验,二级维护作业时一并进行。

1. 二级维护进厂检测项目检验

二级维护前应进行进厂检测,依据进厂检测结果进行故障诊断并确定附加作业项目。进厂检测包括规定的检测项目以及根据驾驶人反映的车辆技术状况确定的检测项目。具体的进厂检测项目及技术要求见表3-8。

二级维护规定的进厂检测项目及技术要求　　　　表3-8

序号	检测项目	检测内容	技术要求
1	故障诊断	车载诊断系统(OBD)的故障信息	装有车载诊断系统(OBD)的车辆,不应有故障信息
2	行车制动性能	检查行车制动性能	采用台架检验或路试检验,应符合《机动车运行安全技术条件》(GB 7258)的相关规定
3	排放	排气污染物	汽油车采用双怠速法,应符合《汽油车污染物排放限值及测量方法(双怠速法及简易工况法)》(GB 18285)相关规定;柴油车采用自由加速法,应符合《柴油车污染物排放限值及测量方法(自由加速法及加载减速法)》(GB 3847)相关规定

注:检测项目的技术要求应符合国家有关的技术标准和车辆维修资料(如维修手册)等相关规定。进厂检测时应记录检测数据或结果,并据此进行车辆故障诊断。

2. 二级维护基本作业项目检验

除了完成一级维护作业外,二级维护基本作业项目还包括发动机、底盘、灯光线束、车架及车身等部件的检查和调整。二级维护基本作业项目的相关技术要求见表3-9。

汽车二级维护基本作业项目的技术要求　　　　　表3-9

序号	作业项目		作业内容	技术要求
1	发动机	发动机工作状况	检查发动机起动性能和柴油发动机停机装置	起动性能良好,停机装置功能有效
			检查发动机运转情况	低、中、高速运转稳定无异响
2		发动机排放机外净化装置	检查发动机排放机外净化装置	外观无损坏,安装牢固
3		燃油蒸发控制装置	检查外观,检查装置是否畅通,视情更换	炭罐及管路外观无损坏,密封良好,连接可靠,装置畅通无堵塞
4		曲轴箱通风装置	检查外观,检查装置是否畅通,视情更换	管路及阀体外观无损坏,密封良好,连接可靠,装置畅通无堵塞
5		增压器、中冷器	检查、清洁中冷器和增压器	中冷器散热片清洁,管路无老化,连接可靠,密封良好。增压器运转正常无异响,无渗漏
6		发电机、起动机	检查、清洁发电机和起动机	发电机和起动机外表清洁,导线接头无松动,运转无异响,工作正常
7		发动机传动带(链)	检查空气压缩机、水泵、发电机、空调机组和正时传动带(链)磨损及老化程度,视情调整传动带(链)松紧度	按规定里程或时间更换传动带(链)。传动带(链)无裂痕和过量磨损,表面无油污,松紧度符合规定
8		冷却装置	检查散热器及管路密封性	散热器及管路固定可靠,无变形、堵塞、破损及渗漏。器盖接合表面良好,胶垫不老化
			检查水泵和节温器工作状况	水泵不漏水、无异响,节温器工作正常
9		火花塞、高压线	检查火花塞间隙、积炭和烧蚀情况,按规定里程或时间更换火花塞	无积炭,无严重烧蚀现象,电极间隙符合规定
			检查高压线外观及连接情况,按规定里程或时间更换高压线	高压线外观无破损,连接可靠
10		进气歧管、排气歧管、消声器	检查进气歧管、排气歧管、消声器、排气管	外观无破损,无裂痕,消声器功能良好
11		发动机总成	清洁发动机外部,检查隔热层	无油污、无灰尘,隔热层密封良好
			检查、校紧连接螺栓、螺母	油底壳、发动机支撑、水泵、空气压缩机、涡轮增压器、进气歧管、排气歧管、消声器、排气管、输油泵和喷油泵等部位连接可靠

续上表

序号	作业项目		作业内容	技术要求
12	制动系统	制动踏板	检查、调整制动踏板自由行程	制动踏板自由行程符合规定
13		驻车制动	检查驻车制动性能,调整操纵机构	功能正常,操纵机构齐全完好、灵活有效
14		防抱死制动装置	检查连接线路,清洁轮速传感器	各连接线及插接件无松动,轮速传感器清洁
15		鼓式制动器	检查制动间隙调整装置	功能正常
			拆卸制动鼓、轮毂、制动蹄,清洁轴承位、轴承、支承销和制动底板等零件	清洁,无油污,轮毂通气孔畅通
			检查制动底板、制动凸轮轴	制动底板安装牢固、无变形、无裂损。凸轮轴转动灵活,无卡滞和松旷现象
			检查轮毂内外轴承	滚柱保持架无断裂,滚柱无缺损、脱落,轴承内外圈无裂损和烧蚀
			检查制动摩擦片、制动蹄及支承销	制动摩擦片表面无油污、裂损,厚度符合规定。制动蹄无裂纹及明显变形,铆接可靠,铆钉沉入深度符合规定。支承销无过量磨损,与制动蹄轴承孔衬套配合无明显松旷
			检查制动蹄复位弹簧	复位弹簧不得有扭曲、钩环损坏、弹性损失和自由长度改变等现象
			检查轮毂、制动鼓	轮毂无裂损,制动鼓无裂痕、沟槽、油污及明显变形
			装复制动鼓、轮毂、制动蹄,调整轴承松紧度、制动间隙	润滑轴承,轴承位涂抹润滑脂后再装轴承。装复制动蹄时,轴承孔均应涂抹润滑脂,开口销或卡簧固定可靠。制动摩擦片与制动鼓摩擦面应清洁,无油污。制动摩擦片与制动鼓配合间隙符合规定。轮毂转动灵活且无轴向间隙。锁紧螺母、半轴螺母及车轮螺母齐全,拧紧力矩符合规定
16		盘式制动器	检查制动摩擦片和制动盘磨损量	制动摩擦片和制动盘磨损量应在标记规定或制造商要求的范围内,其摩擦工作面不得有油污、裂纹、圆度误差超标和沟槽等损伤
			检查制动摩擦片与制动盘的间隙	制动摩擦片与制动盘之间的转动间隙符合规定
			检查密封件	密封件无裂纹或损坏
			检查制动钳	制动钳安装牢固、无油液泄漏,制动钳导向销无裂纹或损坏

续上表

序号	作业项目		作业内容	技术要求
17	转向系统	转向器和转向传动机构	检查转向器和转向传动机构	转向轻便、灵活,转向无卡滞现象,锁止、限位功能正常
			检查部件技术状况	转向节臂、转向器摇臂及横直拉杆无变形、裂纹和拼焊现象,球销无裂纹、不松旷,转向器无裂损、无漏油现象
18		转向盘最大自由转动量	检查、调整转向盘最大自由转动量	最高设计速度不小于 100 km/h 的车辆,其转向盘的最大自由转动量不大于15°,其他车辆不大于25°
19	行驶系统	车轮及轮胎	检查轮胎规格型号	轮胎规格型号符合规定,同轴轮胎的规格和花纹应相同
			检查轮胎外观	轮胎的胎冠、胎壁不得有长度超过25mm或深度足以暴露出帘布层的破裂和割伤以及凸起、异物刺入等影响使用的缺陷。具有磨损标志的轮胎,胎冠的磨损不得触及磨损标志;无磨损标志或标志不清的轮胎,乘用车和挂车胎冠花纹深度应不小于 1.6 mm
			轮胎换位	根据轮胎磨损情况或相关规定,视情进行轮胎换位
			检查、调整车轮前束	车轮前束值符合规定
20		悬架	检查悬架弹性元件,校紧连接螺栓、螺母	空气弹簧无泄漏、外观无损伤;钢板弹簧无断片、缺片、移位和变形,各部件连接可靠,U形螺栓螺母拧紧力矩符合规定
			减振器	减振器稳固有效,无漏油现象,橡胶垫无松动、变形及分层
21	传动系统	离合器	检查离合器工作状况	离合器接合平稳,分离彻底,操作轻便,无异响、打滑、抖动及沉重等现象
			检查、调整离合器踏板自由行程	离合器踏板自由行程符合规定
		变速器、主减速器、差速器	检查、调整变速器	变速器操纵轻便,挡位准确,无异响、打滑及乱挡等异常现象,主减速器、差速器工作无异响
			检查变速器、主减速器、差速器润滑油液面高度,视情更换	按规定的里程或时间更换润滑油,液面高度符合规定
		传动轴	检查防尘罩	防尘罩无裂痕、损坏,卡箍连接可靠,支架无松动
			检查传动轴及万向节	传动轴无弯曲,运转无异响。传动轴及万向节无裂损、不松旷
			检查传动轴承及支架	轴承无松旷,支架无缺损和变形

续上表

序号	作业项目		作业内容	技术要求
22	灯光导线	前照灯	检查远光灯发光强度,检查、调整前照灯光束照射位置	符合《机动车运行安全技术条件》(GB 7258)的有关规定
		线束及导线	检查发动机舱及其他可视的线束及导线	插接件无松动、接触良好;导线布置整齐、固定牢靠,绝缘层无老化、破损,导线无外露;导线与蓄电池桩头连接牢固,并有绝缘套
23	车架车身	车架和车身	检查车架和车身	发动机舱盖锁扣锁紧有效
			检查车门、车窗启闭和锁止	车门和车窗应启闭正常,锁止正确
		支撑装置	检查、润滑支撑装置,校紧连接螺栓、螺母	完好有效,润滑良好,安装牢固

3. 二级维护过程检验

二级维护过程中应始终贯穿过程检验,并记录二级维护作业过程或检验结果,维护项目的技术要求应符合技术标准和车辆维修资料等相关技术文件规定。

4. 二级维护竣工检验

二级维护竣工检验应填写二级维护竣工检验记录单,二级维护竣工检验项目及技术要求见表3-10。

汽车二级维护竣工检验项目及技术要求　　　　表3-10

序号	检验部位	检验项目	技术要求	检验方法
1	整车	清洁	全车外部、车厢内部及各总成外部清洁	检视
2		紧固	各总成外部螺栓、螺母紧固,锁销齐全有效	检查
3		润滑	全车各个润滑部位的润滑装置齐全,润滑良好	检视
4		密封	全车密封良好,无漏油、无漏液和无漏气现象	检视
5		故障诊断	装有车载诊断系统(OBD)的车辆,无故障信息	检测
6		附属设施	后视镜、灭火器、客车安全锤、安全带、刮水器等齐全完好、功能正常	检视
7	发动机及其附件	发动机工作状况	在正常工作温度状态下,发动机起动三次,成功起动次数不少于两次,柴油机三次停机均应有效,发动机低、中、高速运转稳定、无异响	路试或检视
8		发动机装备	齐全有效	检视
9	制动系统	行车制动性能	符合《机动车运行安全技术条件》(GB 7258)的有关规定	路试或检测
10		驻车制动性能	符合《机动车运行安全技术条件》(GB 7258)的有关规定	路试或检测

续上表

序号	检验部位	检验项目	技术要求	检验方法
11	转向系统	转向机构	转向机构各部件连接可靠,锁止、限位功能正常,转向时无运动干涉,转向轻便、灵活,转向无卡滞现象	检视
			转向节臂、转向器摇臂及横直拉杆无变形、裂纹和拼焊现象,球销无裂纹、不松旷,转向器无裂损、无漏油现象	
12		转向盘最大自由转动量	最高设计速度不小于 100 km/h 的车辆,其转向盘的最大自由转动量不大于 15°,其他车辆不大于 25°	检测
13	行驶系统	轮胎	同轴轮胎应为相同的规格和花纹,轮胎花纹深度及气压符合规定,轮胎的胎冠、胎壁不得有长度超过 25 mm 或深度足以暴露出帘布层的破裂和割伤以及凸起、异物刺入等影响使用的缺陷	检查检测
14		转向轮横向侧滑量	符合《机动车运行安全技术条件》(GB 7258)的有关规定	检测
15		悬架	空气弹簧无泄漏、外观无损伤;钢板弹簧无断片、缺片、移位和变形,各部件连接可靠,U 形螺栓螺母拧紧力矩符合规定	检查
16		减振器	减振器稳固有效,无漏油现象,橡胶垫无松动、变形及分层	检查
17		离合器	离合器接合平稳,分离彻底,操作轻便,无异响、打滑、抖动和沉重等现象	路试
18		变速器、传动轴、主减速器	变速器操纵轻便,挡位准确,无异响、打滑及乱挡等异常现象,传动轴、主减速器工作无异响	路试
19	照明、信号指示装置和仪表	前照灯	完好有效,工作正常,性能符合《机动车运行安全技术条件》(GB 7258)的有关规定	检视检测
20		信号指示装置	转向灯、制动灯、示廓灯、危险报警闪光灯、雾灯、喇叭、标志灯及反射器等信号指示装置完好有效	检视
21		仪表	各类仪表工作正常	检视
22	排放	排气污染物	汽油车采用双怠速法,应符合《汽油车污染物排放限值及测量方法(双怠速法及简易工况法)》(GB 18285)的有关规定。柴油车采用自由加速法,应符合《柴油车污染物排放限值及测量方法(自由加速法及加载减速法)》(GB 3847)的有关规定	检测

任务实施

一、实训资源

(1)实训场地:理实一体化教室 1 个。
(2)实训设备:轿车 1 辆。
(3)工具耗材与设备:厚薄规 1 套、直尺 1 个、游标卡尺 1 套、外径螺旋测微器 1 套、轮胎花纹深度尺1个、前照灯校准仪1套。

二、安全注意事项

（1）操作人员应穿着工作服和工作鞋，必要时佩戴护目镜、耳塞和口罩。
（2）使用电动设备，应严格按照其额定电压、频率提供电源。
（3）使用举升设备举升、下降过程中，注意学员和车辆安全。

三、操作过程

在汽车二级维护作业过程中进行质量检验时，按照《汽车维护、检测、诊断技术规范（GB/T 18344）》开展全面的过程质量检验，可分为利用车辆自诊断系统进行系统检验（进厂检验）、二级维护基本作业检验（过程中检验）、二级维护竣工检验，以上内容是四级/中级工职业考核项目。本节将相同的检验项目进行整合，避免重复出现，详细的检验操作方法及质量标准如下。

1. 利用车辆自诊断系统进行系统检验（进厂检验）

汽车具备高度智能的自诊断系统，其能有效检测各系统是否存在故障，仪表、信号指示装置能有效地显示相关提醒。汽车维修技术员与质量检验员可以使用故障诊断仪进一步读取自诊断系统存储的信息，以准确检验车辆控制系统的状况，确保交付客户的车辆无任何故障。具体操作方法及说明见表3-11。

利用车辆自诊断系统进行系统检验的操作方法及说明　　　　表3-11

步骤	操作方法及说明	质量标准及记录
1. 查看仪表、信号指示装置	（1）打开点火开关观察仪表指示灯的显示情况； （2）踩下制动踏板，打开点火开关，使发动机进入运行状态，观察仪表指示灯的显示情况	□仪表指示灯无异常显示 □多功能信息屏无维修信息显示
2. 故障诊断	（1）连接诊断仪。 ①连接诊断仪接口至车载诊断口。 ②打开诊断仪电源，选择对应车型进入故障码读取界面。 （2）读取故障码。 （3）确认是否存在当前故障码。 注意：连接诊断仪时，应关闭点火开关电源。 （4）仪表指示正常，无当前故障码则检验结果正常。 （5）存在当前故障码，则需要返修	□正确连接诊断仪 □正确选择车型 读取故障码： □无当前故障码 □存在故障码：_____ □检验结果正常 □检验结果异常，需返修

2. 二级维护基本作业检验

二级维护基本作业检验操作方法及说明见表3-12。

二级维护基本作业检验操作方法及说明　　　　　表3-12

步骤	操作方法及说明	质量标准及记录
1. 发动机维护	（1）检查发动机起动性能和柴油发动机停机装置；	□起动性能良好,停机装置功能有效
	（2）检查发动机运转情况；	□低、中、高速运转稳定,无异响
	（3）目视检查发动机排放机外净化装置（三元催化转换器）外观应无损坏,安装牢固；	□三元催化转换器外观无损坏、安装牢固
	（4）目视检查燃油蒸发控制装置外观应无损坏,检查装置是否畅通；目视检查曲轴箱通风装置外观应无损坏,检查装置是否畅通；	□活性炭罐及管路外观无损坏、密封良好、连接可靠,装置畅通无堵塞
		□曲轴箱通风装置管路及阀体外观无损坏、密封良好
	（5）目视检查中冷器外观清洁,管路连接可靠,密封良好；	□中冷器散热片清洁,管路无老化,连接可靠,密封良好
	（6）检视空气压缩机运转应正常、无异响、密封良好；	□空气压缩机运转正常,无异响,无渗漏
	（7）目视检查发电机和起动机外表应清洁,导线接头无松动,运转应无异响,工作正常；	□发电机和起动机外表清洁,导线接头无松动,运转无异响,工作正常
	（8）对照维修业务委托书,确认是否按规定里程或时间更换传动带；	□按规定里程或时间更换传动带（链）
	（9）检查空气压缩机、水泵、发电机、空调机组传动带（链）磨损及老化程度,应无裂痕和过量磨损,表面无油污；	□传动带（链）无裂痕和过量磨损,表面无油污,松紧度符合规定
	（10）传动带（链）松紧度检查并调整。用30～50N压力压在皮带中间,传动带下挠10～20mm为正常；	□传动带（链）松紧度正常

项目三　汽车维护工艺质量检验

续上表

步骤	操作方法及说明	质量标准及记录
1. 发动机维护	（11）对照维修业务委托书，确认是否按规定里程或时间更换正时皮带或正时链条； （12）目视检查正时传动带（链）磨损及老化程度，应无裂痕和过量磨损，表面无油污； （13）目视检查散热器及管路应固定可靠、无变形、无堵塞，密封良好； （14）目视检查散热器器盖接合表面应良好，胶垫良好； （15）检查水泵和节温器工作状况。目视检查水泵外观是否有漏水现象，并听一下水泵是否有异响；将节温器放入加热水中，检视随着水温的升高时，节温器由小循环切换大循环是否正常； （16）目视检查火花塞电极应无积炭、无严重烧蚀情况； （17）对照维修业务委托书，确认是否按规定里程或时间更换火花塞； （18）检查火花塞间隙。使用火花塞量规测量火花塞电极间隙，测量值应符合车辆维修技术要求； （19）目视检查点火线圈外观应无损坏，插头连接可靠； （20）目视检查进气歧管、排气歧管、消声器、排气管，观察是否有损坏、有裂痕； （21）起动发动机，测听一下排气消音效果； （22）目视检查发动机总成外观状况。发动机总成应无油污、无灰尘，隔热层密封良好。油底壳、发动机支撑、水泵、涡轮增压器、进气歧管、排气歧管、消声器、排气管等部位连接应牢靠； （23）检查连接油底壳、发动机支架、水泵、空气压缩机、涡轮增压器、进气歧管、排气歧管、消声器、排气管等部位螺栓、螺母是否牢靠；	□按规定里程或时间更换正时皮带或正时链条 □正时传动带或正时链条无裂痕和过量磨损，表面无油污，松紧度符合规定 □散热器及管路固定可靠、无变形、堵塞、破损及渗漏 □散热器箱盖接合表面良好，胶垫不老化 □水泵不漏水、无异响 □节温器工作正常 □火花塞无积炭，无严重烧蚀现象 □电极间隙符合车辆维修技术规定，实测值：_____ □点火线圈外观无破损、插头连接可靠 检查火花塞 □进气歧管、排气歧管、消声器、排气管外观无破损，无裂痕 □消声器功能良好 □无油污、无灰尘，隔热层密封良好 □油底壳、发动机支承、水泵、空气压缩机、涡轮增压器、进气歧管、排气歧管、消声器、排气管等部位连接牢靠

续上表

步骤	操作方法及说明	质量标准及记录
2. 制动踏板及驻车制动检查	(1) 检查、调整制动踏板自由行程。制动踏板自由行程是使用直尺测量制动踏板在自由状态下的位置与推下踏板开始感到有较大阻力时的位置之间的距离；标准范围一般为 15～20mm，不符合要求时根据车型规定的数值通过调整螺母进行调整； 调整制动踏板行程 (2) 拉动驻车制动器操纵杆或激活电子驻车制动器检查驻车制动性能是否正常。操纵机构应齐全完好、灵活有效； (3) 目视检查各连接线及插接件是否松动，轮速传感器是否清洁； (4) 检查制动间隙调整装置是否功能正常。顺时针转动蜗杆轴，应减小制动蹄与制动鼓的间隙，逆时针动蜗杆轴，应增大制动蹄与制动鼓的间隙； (5) 拆卸并目视检查制动鼓、轮毂、制动蹄，清洁轴承位、轴承、支承销和制动底板等零件应无油污，轮毂通气孔畅通； (6) 拆卸并目视检查制动鼓、轮毂、制动蹄，清洁轴承位、轴承、支承销和制动底板等零件应无油污，轮毂通气孔畅通； (7) 目视检查制动底板、制动凸轮轴；制动底板应安装牢固、无变形、无裂损；凸轮轴应转动灵活，无卡滞和松旷现象； (8) 目视检查轮毂内外轴承、滚柱保持架是否存在断裂、滚柱缺损、脱落，轴承内外圈裂损和烧蚀	□检查制动踏板自由行程是否符合规定： 实测值：_____ □若不符合规定，过大如何调整：_____ 过小如何调整：_____ □功能正常，操纵机构齐全完好、灵活有效 □各连接线及插接件无松动 □轮速传感器清洁 □自动调节器功能正常 □清洁，无油污，轮毂通气孔畅通 □制动底板安装牢固、无变形、无裂损；凸轮轴转动灵活，无卡滞和松旷现象 □滚柱保持架无断裂、滚柱无缺损、脱落，轴承内外圈无裂损和烧蚀
3. 鼓式制动器检查	(1) 目视检查制动摩擦片是否存在油污、裂损； (2) 目视检查制动蹄应无裂纹及明显变形； (3) 测量制动蹄铆接情况，铆钉沉入深度符合规定；使用游标卡尺测量铆钉与制动摩擦片的表面深度，不得小于1mm； (4) 目视检查支承销无过量磨损，与制动蹄轴承孔衬套配合无明显松旷； (5) 目视检查制动蹄复位弹簧是否存在扭曲、钩环损坏、弹性损失和自由长度改变等现象；	□制动摩擦片表面无油污、裂损，厚度符合规定 □制动蹄无裂纹及明显变形 □铆接可靠，铆钉沉入深度符合规定 □支承销无过量磨损，与制动蹄轴承孔衬套配合无明显松旷 □复位弹簧无扭曲、钩环损坏、弹性损失和自由长度改变等现象

续上表

步骤	操作方法及说明	质量标准及记录
3. 鼓式制动器检查	(6)目视检查轮毂、制动鼓；轮毂应无裂损，制动鼓无裂痕、沟槽、油污及明显变形； (7)目视检查制动鼓、轮毂、制动蹄的轴承和轴承孔是否涂抹润滑脂； (8)检查制动间隙，制动摩擦片与制动鼓配合间隙应符合规定；使用塞尺按规定间隙从检测孔插入制动摩擦片与制动鼓之间，其数值应符合车辆技术要求	□轮毂无裂损，制动鼓无裂痕、沟槽、油污及明显变形 □润滑轴承，轴承位涂抹润滑脂后再装轴承 □装复制动蹄时，轴承孔均应涂抹润滑脂，开口销或卡簧固定可靠 □制动摩擦片与制动鼓摩擦面应清洁，无油污
4. 盘式制动器检查	(1)检查轴承松紧度，轮毂转动灵活且无轴向间隙。通过制动盘的跳动量来检查轮毂轴承间隙，将百分表垂直于制动盘端面，距离制动盘端面边缘处10mm处，有一定的预压力，转动制动盘一周，观察百分表读数，极限值为0.1mm； (2)检查锁紧螺母、半轴螺母及车轮螺母是否齐全，拧紧力矩应符合规定； (3)检查制动摩擦片磨损量；使用游标卡尺测量制动片外沿两端厚度，低于1.6mm必须更换，厚度在1.6~3mm之间建议更换； (4)检查制动盘磨损量；使用外径螺旋测微器测量制动盘离边缘10mm位置的厚度，为了数据准确，要在三个点测量，测量值低于车辆维修技术要求数值时需要更换； (5)检查制动摩擦片与制动盘间的间隙；制动踏板处于自由状态时，使用厚薄规测量制动摩擦片与制动盘间的间隙，测量值应符合车辆维修技术要求；	□轮毂转动灵活且无轴向间隙 轴向间隙测量值：_____ □锁紧螺母、半轴螺母及车轮螺母齐全，拧紧力矩符合规定 □制动摩擦片磨损量在标记规定或制造商要求的范围内： 左前(内侧)值：_____ 左前(外侧)值：_____ 右前(内侧)值：_____ 右前(外侧)值：_____ □制动盘磨损量在标记规定或制造商要求的范围内： 左前实测值：_____ 右前实测值：_____ 左后实测值：_____ 右后实测值：_____ □制动摩擦片和制动盘摩擦工作面无油污、裂纹、圆度误差超标和沟槽等损伤 □制动摩擦片与制动盘之间的转动间隙符合规定： 左前实测值：_____ 右前实测值：_____ 左后实测值：_____ 右后实测值：_____

续上表

步骤	操作方法及说明	质量标准及记录
4. 盘式制动器检查	(6) 检查盘式制动器密封件应无裂纹或损坏； (7) 目视检查制动钳应安装牢固，无油液泄漏； (8) 目视检查制动钳导向销是否存在裂纹或损坏	□密封件无裂纹或损坏 □制动钳安装牢固、无油液泄漏 □制动钳导向销无裂纹或损坏
5. 轮胎及车轮检查	(1) 目视检查轮胎外观是否存在异常损伤和异常磨损； (2) 对照维修业务委托书（即施工单），根据轮胎磨损情况确认是否轮胎换位； (3) 测量车轮前束值，与车辆维修技术要求对比，判断是否需要调整	□全车轮胎外观无异常损坏及异常磨损 □已完成轮胎换位 □车轮前束值符合规定，实测值 □车轮前束值不符合规定，说明如何调整：＿＿＿＿＿
6. 离合器及变速器、主减速器、差速器检查	(1) 检查离合器工作状况，应接合平稳，分离彻底，操作轻便，无异响、打滑、抖动及沉重等现象； (2) 检查、调整离合器踏板自由行程，离合器踏板自由行程是使用直尺测量离合器踏板在自由状态下的位置到推下踏板开始感到有较大阻力时的位置之间的距离，标准范围为 35～45mm，不符合要求的要通过调整螺母进行调整； (3) 检视变速器是否操纵轻便、挡位准确，无异响、打滑及乱挡； (4) 检查主减速器、差速器是否工作正常； (5) 检查变速器、主减速器、差速器润滑油液面高度	□离合器接合平稳，分离彻底，操作轻便，无异响、打滑、抖动及沉重等现象 □离合器踏板自由行程是否符合规定 实测值：＿＿＿＿＿ □不符合规定，说明过大如何调整：＿＿＿＿＿ 过小如何调整：＿＿＿＿＿ □变速器操纵轻便、挡位准确，无异响、打滑及乱挡等异常现象 □主减速器、差速器工作无异响 □按规定的里程或时间更换润滑油，液面高度符合规定
7. 传动轴检查	(1) 目视检查传动轴的防尘罩应无裂痕、损坏，卡箍连接可靠，支架无松动； (2) 目视检查传动轴是否存在弯曲，运转异响； (3) 目视检查传动轴及万向节应无裂损、不松旷； (4) 目视检查轴承是否存在松旷，支架缺损和变形	□防尘罩无裂痕、损坏，卡箍连接可靠，支架无松动 □传动轴无弯曲，运转无异响 □传动轴及万向节无裂损、不松旷 □轴承无松旷，支架无缺损和变形

续上表

步骤	操作方法及说明	质量标准及记录
8. 电器及其他设备	（1）目视查看发动机舱及其他可视的插接件、线束及导线：应无积尘、破损和老化；固定可靠，插接件应锁紧可靠； （2）检查发动机舱盖锁扣锁紧是否正常； （3）检查车门、车窗启闭和锁止是否正常； （4）检查、润滑支撑装置，校紧连接螺栓、螺母	□插接件无松动 □导线布置整齐、固定牢靠，绝缘层无老化、破损，导线无外露 □发动机舱盖锁扣锁紧有效 □车门和车窗应启闭正常，锁止可靠 □完好有效，润滑良好，安装牢固
9. 检验结果处置	（1）检查状况无异常，则检验结果正常； （2）当检验发现有异常时，则需要返修	□检验结果正常 □检验结果异常，需返修

3. 二级维护竣工检验

汽车在完成维护维修后需要进行竣工检验，并可以通过路试方式运行汽车相关功能，以试听、体验等方式检验系统是否正常运行，具体操作方法及说明见表3-13。

二级维护竣工检验操作方法及说明　　　　　表3-13

步骤	操作方法及说明	质量标准及记录
1. 整车检查	（1）整车清洁检查； （2）整车紧固螺栓、螺母检查； （3）整车润滑检查； （4）整车密封检查； （5）整车附属设施检查	□全车外部、内部及各总成外部清洁 □各总成外部螺栓、螺母紧固，锁销齐全有效 □全车各润滑部位的润滑状况良好 □全车密封良好，无漏油、漏液和漏气现象 □电动后视镜、灭火器、安全带、刮水器、电动座椅、空调、中央门锁、电动车窗等齐全完好、功能正常
2. 检视转向系统	（1）检查转向机构功能是否正常。转动转向盘，检查转向机构工作状况；目视检查转向节臂、转向器摇臂及横直拉杆状况；用手晃动转向机构，检查并确认是否存在松动、破损、泄漏；	□转向机构各部件连接可靠，锁止、限位功能正常 □转向时无运动干涉，转向轻便、灵活，转向无卡滞 □转向节臂、转向器摇臂及横直拉杆无变形、裂纹和拼焊现象 □球销无裂纹、不松旷 □转向器无裂损、无漏油（液压助力）现象

续上表

步骤	操作方法及说明	质量标准及记录
2.检视转向系统	(2)检测转向盘最大自由转动量。使用转向角检测仪测量转向盘最大自由转动量	□转向盘最大自由转动量应不大于15°,实测值:_____ 检视转向系统
3.检视车轮及轮胎	(1)轮胎花纹深度及胎压检查。目视检查同轴轮胎的规格和花纹是否相同;使用轮胎花纹深度尺测量全车轮胎(包括备胎); (2)使用胎压表测量全车轮胎压力(包括备胎),与车辆胎压铭牌参数进行对比; (3)转向轮横向侧滑量测量	□同轴轮胎应为相同的规格和花纹 □轮胎花纹深度符合规定,标准值为不小于1.6 mm,实测值为:_____ □轮胎气压符合规定,标准值参考车辆胎压铭牌标注数据。实测值为:_____ □符合《机动车运行安全技术条件》(GB 7258)的有关规定
4.检视悬架及减振器	(1)悬架部件松动、变形检查。目视检查悬架组件有无松动、磕碰。手沿着连杆、悬架臂和相关的零件移动并目视比较车辆左右两侧对应的零件,检查其是否变形; (2)检查悬架组件,并校验对应螺栓力矩。松动的使用扭力扳手按维修手册要求的标准力矩拧紧; (3)减振器泄漏检查。目视检查减振器外壳上有无凹痕、有无油液渗漏,防尘套是否完好; (4)检查并确认减振器上支撑的固定螺栓是否松动,若松动应按标准力矩拧紧,否则,会造成行驶异响或四轮定位异常跑偏的异常	□悬架组件有无松动、磕碰 □悬架各部件无变形 □悬架各部件连接可靠,螺栓螺母拧紧力矩符合规定 检视悬架 □减振器无损坏、无漏油现象,橡胶垫无松动、变形及分层 □减振器稳固无松动

续上表

步骤	操作方法及说明	质量标准及记录
5.检视电气设备及其他	（1）前照灯检查。使用前照灯检测仪检测汽车前照灯的发光强度及光束照射位置，测量值应符合《机动车运行安全技术条件》（GB 7258）的有关规定； （2）信号指示装置检查； （3）排气污染物检查。使用排气分析仪采用双怠速法检测汽油机排气污染物数值，应符合《汽油机污染物排放限值及测量方法（双怠速法及简易工况法）》（GB 18285）的有关规定； 使用排气分析仪采用自由加速法检测柴油机排气污染物数值，应符合《柴油机污染物排放限值及测量方法（自由加速法及加载减速法）》（GB 3847）的相关规定	□完好有效，工作正常，性能符合《机动车运行安全技术条件》（GB 7258）的有关规定 □转向灯、制动灯、示廓灯、危险报警闪光灯、雾灯、喇叭、标志灯及反射器等信号指示装置完好有效 □汽油车采用双怠速法，应符合《汽油机污染物排放限值及测量方法（双怠速法及简易工况法）》（GB 18285）的有关规定；柴油车采用自由加速法，应符合（GB 3847）的有关规定
6.路试检查	（1）在正常工作温度状态下，发动机起动三次，成功起动次数不少于两次，发动机低、中、高速运转稳定、无异响； （2）在路试过程中，行车制动和驻车制动性能符合《机动车运行安全技术条件》（GB 7258）的有关规定； （3）离合器接合平稳，分离彻底，操作轻便，无异响、打滑、抖动和沉重等现象； （4）变速器操纵轻便、挡位准确、无异响、打滑及乱挡等异常现象，传动轴、主减速器工作无异响	□发动机运行状况正常 □行车制动和驻车制动性能正常 □离合器状况正常 □变速器、传动轴、主减速器状况正常
	注意：试车员必须获得驾驶资格、公司内部试车员资格认知方可进行路试作业	

续上表

步骤	操作方法及说明	质量标准及记录
7.检验结果处置	填写二级维护竣工检验记录单	

合同编号

托修方			车牌号		车型	
外观状况	项目	评价	项目	评价	项目	评价
	清洁		发动机装备		离合器	
	紧固		转向机构		变速器、传动轴、主减速器	
	润滑		轮胎		牵引连接装置和锁止机构	
	密封		悬架		前照灯	
	附属设施		减振器		信号指示装置	
	发动机工作状况		车桥		仪表	

故障诊断	车载诊断系统(OBD)故障信息	□无 □有 故障信息描述:＿＿＿＿＿	评价:

性能检测	转向盘最大自由转动量(°)		评价:	转向轮贡向侧滑量(m/km)		第一转向轴	评价:
						第二转向轴	

性能检测	制动性能	车轴		一轴	二轴	三轴	四轴	五轴	六轴
		台架	制动动率(%)	结果					
				评价					
			制动不平衡率(%)	结果					
				评价					
		整车参数	项目	整车制动率(%)			驻车制动率(%)		
			结果						
			评价						
		路试	初速度(km/h)	参数	制动距离(m)		MFDD(m/s²)		制动稳定性
				结果					
				评价					

前黑灯性能	参数	灯高(mm)	远光光强(cd)		远光偏移(mm/10m)				近光偏移(mm/10m)			
			结果(cd)	评价	垂直	评价	水平	评价	垂直	评价	水平	评价
	左外											
	左内											
	右外											
	右内											

排气污染物	汽油车	怠速	CO(%):	HC(×10⁻⁶):	评价
		高怠速	CO(%):	HC(×10⁻⁶):	
	柴油车	自由加速	光吸收系数(m⁻¹):① ② ③	平均(m⁻¹):	评价
			烟度值/BSU:① ② ③	平均:BSU:	

检验结论:

检验员签字: 年 月 日

注1:检验数据在"结果"栏填写。合格在"评价"栏划"○",不合格在"评价"栏划"×",无此项目填"——"。

注2:制动性能检验选择"台架"或"路试"。路试制动性能采用"制动距离"或"充分发出的平均减速度 MFDD"评价

74

任务评价

汽车维护作业与技术标准考核评分记录见表3-14。

汽车维护作业与技术标准考核评分记录表　　　　　表3-14

类别	序号	项目	考核内容及要求	配分	评分标准 (各项配分扣完为止)	得分
专业知识 (30分)	1	汽车二级维护作业内容	正确描述汽车二级维护作业内容	6	能回答问题,但回答不完整,按比例扣分;不能回答,扣6分	
	2	汽车二级维护作业维修质量标准	正确描述汽车二级维护进厂检测的技术要求	8	能回答问题,但回答不完整,按比例扣分;不能回答,扣8分	
			正确描述汽车二级维护基本作业的技术要求	8	能回答问题,但回答不完整,按比例扣分;不能回答,扣8分	
			正确描述汽车二级维护竣工检验的技术要求	8	能回答问题,但回答不完整,按比例扣分;不能回答,扣8分	
操作技能 (70分)	1	劳保用品穿戴	劳保用品穿戴齐全	5	穿戴不全,不得分	
	2	正确选用工具、设备、材料	选用工具、设备、材料齐全准确	5	缺一件,扣1分;选错一件,扣1分	
	3	准备	准备工作齐全	5	准备不充分,一次扣2.5分	
	4	二级维护作业质量检验与评定	能准确查找汽车二级维护作业技术标准	20	能写出问题,但归纳不完整,按比例扣分;不能写出,扣20分	
			能正确实施汽车二级维护作业质量检验与评定	25	能写出问题,但归纳不完整,按比例扣分;不能写出,扣25分	
	5	正确使用工具、设备、材料	工具、设备使用正确	5	一种工具、设备、材料使用不正确,扣2分	
					损坏、丢失一件工具,不得分	
	6	清理现场 (5S管理)	清理、擦洗并回收工具和设备	5	少收一件工具、设备,扣1分	
		分数总计		100	最终得分	

考核员签字:_____　　　　　　　　　　　　日期:____年___月___日

项目四　汽车发动机维修质量检验与评定

项目描述

汽车发动机是为汽车提供动力的装置,决定着汽车的动力性、经济性、稳定性和环保性。汽车发动机维修质量检验与评定是汽车维修检验工中的重点内容。

本项目通过对发动机技术参数、曲柄连杆机构修、配气机构、燃油、电控系统、润滑和冷却系统及进排气系统的维修质量检验与评定,以及发动机大修和竣工检验标准及条件、发动机单个机械故障诊断与排除、发动机燃油、进排气系统、润滑系统和冷却系统及排放控制系统故障的诊断与排除内容的学习,使读者掌握汽车发动机维修质量检验与评定的方法及操作要点。

其中,任务1对应汽车维修检验工四级职业能力,任务2对应汽车维修检验工三级职业能力。

任务1　汽车发动机维修质量检验与评定(四级)

▶建议学时:6学时

考核要求

一、知识要求

1. 能叙述汽缸压力及漏气量测试方法。
2. 能叙述进气歧管真空度、燃油压力、尾气排放检测方法及要求。
3. 能叙述曲柄连杆机构、配气机构、润滑和冷却系统的检测方法和要求。

二、技能要求

1. 能检测发动机技术参数。
2. 能检测发动机曲柄连杆、配气机构。
3. 能检测发动机燃油、电控系统、润滑和冷却系统及进排气系统。

一、发动机技术参数检测

发动机技术状况影响汽车的各项性能,因此,对发动机各项技术参数进行检测尤为重要。发动机技术参数检测内容包括汽缸压力和漏气量的检测、进气歧管真空度的检测、燃油压力测量、尾气排放检测方法及要求、汽车故障诊断仪操作方法及故障码相关知识。发动机技术参数检测相关要求见表4-1。

发动机技术参数检测相关要求　　　　　　　　　　表4-1

步骤	相关知识要求	相关技术要求
1.汽缸压力和漏气量的检测	(1)汽缸压力检测的作用； (2)汽缸压力的检测方法及原理； (3)汽缸漏气量检测的作用及方法	汽缸压缩压力应符合原设计规定，各汽缸压缩压力差，汽油机应不超过各缸平均压力的8%，柴油机不应超过10%； 汽缸漏气量应该符合维修手册要求
2.进气歧管真空度的检测	(1)进气歧管真空度检测的作用； (2)进气歧管真空度检测的方法及原理	在正常工作温度和标准状态下，汽油发动机怠速运转时，进气歧管真空度符合原设计规定
3.燃油压力测量	(1)燃油压力的测量方法； (2)检测燃油压力的意义	燃油压力应该符合维修手册要求
4.尾气排放检测方法及要求	(1)尾气排放的方法； (2)尾气排放的要求； (3)检测尾气排放的意义	尾气检测的各种排放检测数值应该符合标准
5.汽车故障诊断仪操作方法及故障码相关知识	(1)不同类型汽车故障诊断仪的操作方法； (2)汽车故障码的相关知识	汽车解码器应能提供检测汽车故障码、清除故障码、读取数据流原件、测试保养灯归零、读计算机版本、基本设定、匹配调整、汽车故障诊断流程和电路资料等

二、发动机曲柄连杆机构检修

发动机曲柄连杆机构检修内容主要包括曲柄连杆机构组成及工作原理、汽缸体与汽缸检测技术要求、活塞、活塞环及活塞销检测技术要求、连杆及轴承检测技术要求、飞轮、曲轴及轴承检测技术要求、公差与配合、形位公差等测量技术相关知识，相关知识要求和技术要求见表4-2。

发动机曲柄连杆机构检修相关要求　　　　　　　　　表4-2

步骤	相关知识要求	相关技术要求
1.曲柄连杆机构组成及工作原理	(1)曲柄连杆机构的组成； (2)曲柄连杆机构的作用； (3)曲柄连杆机构的工作原理	曲柄连杆机构的附件齐全，安装正确、牢固，各部位应该密封良好，性能指标应该符合制造厂的维修技术要求
2.汽缸体与汽缸检测技术要求	(1)汽缸体的检测方法； (2)汽缸检测方法	汽缸体和汽缸应完好、牢固、不漏水、不漏气，各衬垫应完好有效，汽缸盖螺栓拧紧力矩符合厂家要求，各汽缸压缩压力达到标准压力且基本相同

续上表

步骤	相关知识要求	相关技术要求
3. 活塞、活塞环及活塞销检测技术要求	(1) 活塞检测方法; (2) 活塞环检测方法; (3) 活塞销检测方法	活塞、活塞环以及活塞销的检测要求部件完好无损伤、活塞油膜间隙、活塞环间隙、活塞销油膜间隙符合要求,部件的组装按照维修手册要求
4. 连杆及轴承检测技术要求	连杆及轴承检测方法	连杆及轴承检测技术要求应保证无损伤、变形、剥落及伤痕等缺陷,轴向间隙应符合要求
5. 飞轮、曲轴及轴承检测技术要求	(1) 飞轮检测方法; (2) 曲轴及轴承检测方法	飞轮的齿圈应无磨蚀损坏、端面无烧蚀、挠曲变形及飞轮螺孔损伤;曲轴应保证无裂纹或变形,各工作表面要耐磨且润滑良好,还必须有很高的动平衡要求
6. 公差与配合、形位公差等测量技术相关知识	(1) 公差的概念及测量方法; (2) 配合的概念; (3) 形位公差的概念及测量方法	公差与配合、形位公差等应符合制造厂的维修技术要求

三、发动机配气机构检修

发动机配气机构检修内容主要包括配气机构组成及工作原理、凸轮轴及衬套、座孔检测技术要求、气门组件检测技术要求、汽缸盖检测技术要求,相关知识要求和技术要求见表4-3。

发动机配气机构检修相关要求 表4-3

步骤	相关知识要求	相关技术要求
1. 配气机构组成及工作原理	(1) 配气机构的组成; (2) 配气机构的工作原理	配气机构的附件应该齐全,安装正确、牢固,各部位应该密封良好,配气机构性能指标应符合制造厂的维修技术要求
2. 凸轮轴及衬套、座孔检测技术要求	(1) 凸轮轴及衬套、座孔检测方法; (2) 凸轮轴及衬套的检测方法	凸轮轴及衬套、座孔检测技术要求应保证凸轮轴无弯曲变形、异常磨损,轴向间隙、油膜间隙符合要求,正时齿轮总成转动顺畅
3. 气门组件检测技术要求	气门组件检测方法	气门组件检测技术要求要保证气门组件清洁、密封性好、无渗漏,气门挺杆、气门弹簧、气门等部件尺寸、间隙等符合要求,按维修手册要求进行装配,运转良好
4. 汽缸盖检测技术要求	汽缸盖检测方法	汽缸盖检测技术要求要保证各部件和各螺栓齐全、完好、牢固,不漏水、不漏气,各衬垫应完好有效。汽缸盖螺栓拧紧力矩符合各车型厂家要求

四、发动机燃油、电控系统检修

发动机燃油、电控系统检修主要包括燃油供给系统、各传感器及执行器和电控点火系统的检测技术要求,相关知识要求和技术要求见表 4-4。

发动机燃油、电控系统检修相关要求　　　　　　　　　　表 4-4

步骤	相关知识要求	相关技术要求
1.燃油供给系统的组成、工作原理、检测方法、技术要求及安全注意事项	(1)燃油供给系统的组成; (2)燃油供给系统的工作原理; (3)燃油供给系统的检测方法; (4)燃油供给系统的检测技术要求及安全注意事项	燃油供给系统的检测技术要求是各部件功能正常,燃油压力正常,发动机稳定运行
2.传感器、执行器工作原理、检测方法和注意事项	(1)传感器、执行器工作原理; (2)传感器、执行器检测方法和注意事项	各传感器、执行器应该功能正常
3.传感器、执行器清洗及更换注意事项	传感器、执行器清洗及更换注意事项	传感器、执行器清洗及更换时,需要断开电源。传感器清洗后需要进行基本设置
4.喷油器检测设备的使用方法	喷油器检测设备的使用方法	将各个喷油器拆下放置在超声波喷油器清洗机上,直接观察喷油状况和喷油量
5.点火系统电路检测方法及技术要求	(1)点火系统电路检测方法; (2)点火系统电路检测技术要求	点火系统各电器元件齐全,性能良好;点火系统线路安装正确,线束完好

五、润滑和冷却系统检修

发动机润滑和冷却系统检修主要包括润滑系统组成及工作原理、机油压力检测技术要求、冷却系统组成与工作原理、散热器盖工作原理和检测方法、冷却风扇工作原理和检测技术要求,相关知识要求和技术要求见表 4-5。

润滑和冷却系统检修相关要求　　　　　　　　　　表 4-5

步骤	相关知识要求	相关技术要求
1.润滑系统组成及工作原理	(1)润滑系统的组成; (2)润滑系统的工作原理	润滑系统附件齐全,安装正确、牢固,各部位应该密封良好,性能指标应该符合制造厂的维修技术要求
2.机油压力检测技术要求	(1)机油压力检测方法; (2)机油压力检测技术要求	机油压力检测技术要求是机油压力正常,机油压力报警灯不点亮
3.冷却系统组成与工作原理	(1)冷却系统的组成; (2)冷却系统的工作原理	冷却系统附件应该齐全,安装正确、牢固,各部位应该密封良好,性能指标应该符合制造厂的维修技术要求
4.散热器盖工作原理和检测方法	(1)散热器盖工作原理; (2)散热器盖的检测方法	检查散热器盖应无异物堵塞、O 形密封圈无变形、开裂或膨胀、密封性能良好及排气阀的开启压力符合规定

续上表

步骤	相关知识要求	相关技术要求
5.冷却风扇工作原理和检测技术要求	(1)冷却风扇工作原理； (2)冷却风扇的检测方法； (3)冷却风扇检测的意义	冷却风扇应该能正常运转

六、发动机进排气系统检修

发动机进排气系统检修主要包括增压器组成与工作原理、增压器拆装及检测技术要求、进气系统密封性检测方法、排气背压的检测方法，相关知识要求和技术要求见表4-6。

进排气系统检修相关要求 表4-6

步骤	相关知识要求	相关技术要求
1.增压器组成与工作原理	(1)增压器的组成； (2)增压器的工作原理	增压装置应按原厂规定进行装配和检验，增压器应工作正常，转速应达到原设计规定；具有增压器旁通管道控制的发动机，旁通管道开启与关闭应灵活可靠，开启及关闭的转速应符合原设计规定
2.增压器拆装及检测技术要求	(1)增压器的拆卸及安装； (2)增压器的检测方法	竣工后涡轮增压器的压气机进气管、出气管，叶轮与压气机壳体应无刮痕、油污、裂纹等。各零件和总成含旁通阀执行机构，不得有破损、裂纹和变形现象。发动机工作时，应保证涡轮增压器运转正常、无漏油、漏水现象
3.进气系统密封性检测方法	进气系统密封性检测方法	进气系统应不存在管路老化、漏气等情况
4.排气背压的检测方法	排气背压检测方法	检测结果应该符合维修手册标准，排气系统应不存在堵塞现象

任务实施

一、实训资源

(1)实训场地：汽车实训场或者实训工位1个。
(2)实训设备：实训车辆1辆或者实训台架1个。
(3)工具耗材与设备：工具车1套，常用工具1套。

二、安全注意事项

(1)在操作发动机时，严禁抽烟，发动机周围不得放置燃料、机油、清洗剂等易燃易爆物。
(2)发动机工作时，切勿松动任何高压油管或气管。
(3)如需检查是否有燃料泄漏，要避免皮肤与其接触，造成不可逆的伤害。
(4)运行时不要触动电器部件，避免触电。

三、操作过程

1. 发动机技术参数检测

发动机技术参数检测内容包括汽缸压力和漏气量检测、进气歧管真空度、汽油机燃油压力检测、汽车尾气排放检测以及汽车故障诊断仪的使用技能,相关操作方法及说明见表4-7。

发动机技术参数检测操作方法及说明　　　　表4-7

步骤	操作方法及说明	质量标准及记录
1. 检测汽缸压力	(1)将发动机预热到正常的温度(一般冷却液温度为80~90℃); (2)拆下所有的火花塞及喷油嘴线束连接器,节气门、阻风门全开; (3)利用汽缸压力表进行测试	□汽缸压力要求应不低于标准值的75%,且各缸压力差不大于10%,否则,应进行发动机大修 汽缸压力:_____ 标准值:_____ 测量值:_____
2. 检测汽缸漏气量	在发动机静止状态下,将被测汽缸的进、排气门置于压缩行程的上止点位置,以0.8MPa的压力向该缸内连续充气,利用汽缸漏气量测试仪测定其压力能否达到规定值	□当汽缸漏气率达到30%~40%时,若能确认进排气门、汽缸衬垫、汽缸盖等处均不漏气,则说明汽缸活塞摩擦副的磨损临近极限值,需要更换活塞环或者镗缸 汽缸漏气率:_____ 标准值:_____ 测量值:_____
3. 检测进气歧管真空度	用指针式真空表测量进气歧管真空度	□在接近标准大气压的地区测量发动机的真空度时,指针若稳定指示64~71kPa,则表明怠速状况良好;指针断续移动,表示气门黏结;指针快速摆动为气门导管松动;指针指示50kPa,表示气门正时太迟;指示12kPa表明进气歧管或节气门体漏气 真空度测量值:_____
	注意: 进气歧管真空度还与测量地点的海拔高度有关,海拔越高,进气歧管真空度越低。海拔每升500m,真空度降低3.3~4.0kPa	
4. 检测汽油机燃油压力	利用燃油压力表检测汽油机燃油压力	□怠速时,正常燃油系统的压力应在200~250kPa之间,高速时在300kPa左右 测量值:_____ □当拆开燃油压力调节器上的真空软管时,系统压力应上升到最大值,否则,应检查油压调节器或者真空管 最高值:_____ 测量值:_____ □缓慢加速,燃油压力应有缓慢增加。使发动机熄火,10min后观察燃油表的压力应不低150kPa,否则,应检查燃油系统是否有泄漏 检测结果:_____

续上表

步骤	操作方法及说明	质量标准及记录
5.检测汽车尾气排放	利用废气分析仪检测汽车尾气各种气体的含量	□汽车尾气应该符合国家排放标准 汽车尾气排放标准：_____ 检测数值：_____
6.使用汽车故障诊断仪	(1)将插头插到车辆的诊断接口处； (2)打开点火开关到"ON"挡，再打开诊断仪，选择相应的车型进行汽车诊断，选择相应的发动机型号； (3)选择发动机系统，读取故障码，也可以根据需要读取数据流、进行元件测试、基本设置或者升级； (4)诊断维修后清除故障码	□正确连接诊断仪 □正确选择车型 □正确选择发动机型号 读取故障码： 故障码：_____ □清除故障码

2．曲柄连杆机构的检修

发动机曲柄连杆机构的检测内容包括汽缸体，汽缸套，活塞、活塞环及活塞销，连杆及轴承，飞轮、曲轴及轴承的检测，相关操作方法及说明见表4-8。

曲柄连杆机构的检修操作方法及说明　　　表4-8

步骤	操作方法及说明	质量标准及记录
1.检测汽缸体	(1)采用水压试验或气压试验检验汽缸体是否有裂纹； (2)检查汽缸体内壁是否有竖直刮痕，若有说明发动机拉缸，痕迹越深，说明拉缸越严重； (3)使用精密直尺和塞尺检查汽缸体顶面平面度判断汽缸体变形程度； (4)利用百分表测量确定汽缸磨损后的圆度和圆柱度误差来检验汽缸磨损程度	□汽缸体的裂纹导致漏水、漏油、漏气时，应予以更换； 检验结果：_____ □汽缸体内壁若刮痕很深，必要时更换汽缸体 检验结果：_____ □汽缸体上平面的平面度误差，在整个平面上不应大于最大值，若平面度超过最大值，更换汽缸体 最大值：_____ 测量值：_____ □当汽缸垫的圆度和圆柱度误差超过标准规定时，应进行镗缸修理或者更换 圆度标准值：_____ 测量值：_____ 圆柱度标准值：_____ 测量值：_____
2.检测汽缸套	(1)采用磁力探伤法或着色探伤法检查汽缸套上凸缘的下部汽缸套底部和汽缸套密封环槽等处是否有裂纹； (2)检查汽缸套的外表面上是否有腐蚀或穴蚀； (3)检查缸套凸缘下面有无腐蚀、穴蚀	□汽缸套如有任何一种形式的裂纹均须予以更换 检测结果：_____ □当腐蚀、穴蚀的深度达到最大值以上时，缸套应报废 检测结果：_____ □如果不平处不能用一种细砂布磨掉，则缸套应报废。如果某一汽缸套有微小的穴蚀针孔存在，可继续使用 检测结果：_____

续上表

步骤	操作方法及说明	质量标准及记录
3. 活塞、活塞环及活塞销的检测	(1)活塞的检测： 检测活塞油膜间隙：用外径螺旋测微器测量活塞裙部的直径(依据维修手册确定测量点的位置)，用量缸表测出汽缸直径，计算出活塞油膜间隙。 (2)活塞环的检测： ①检测活塞环侧隙，把相应厚度的厚薄规插进活塞环与环槽之间进行检测； ②用厚薄规检查每道活塞环的端口间隙。 (3)活塞销的检测： ①使用测径规检测活塞销座孔直径； ②用外径螺旋测微器测量活塞销外径； ③活塞销外径及活塞销座孔直径两者差值为活塞销的油膜间隙	□若活塞油膜间隙过大，应根据汽缸的尺寸等级，重新选配整组活塞和活塞环，或者重新更换汽缸套，或更换汽缸体 检测结果：_____ □如活塞环侧隙过大或者过小，则要重新选配活塞环 活塞环侧隙标准值：_____ 检测值：_____ □如果端隙大于最大值，则更换活塞环。换上新的活塞环后，如果端隙仍大于最大值，则更换汽缸体。如端口间隙过小，可进行加工修复 活塞环端隙最大值：_____ 检测值：_____ □如果活塞销及座孔直径不符合规定，则更换活塞 标准值：_____ 检测值：_____ □如果外径不符合规定，则更换活塞销 活塞销外径标准值：_____ 检测值：_____ □如果油膜间隙大于最大值，则更换所有活塞。如有必要，更换汽缸体 油膜间隙最大值：_____ 检测值：_____
4. 连杆及轴承的检测	(1)用测径规测量连杆小头孔径； (2)用连杆校准器和测隙规检查连杆弯曲度； (3)采用百分表测量连杆的轴向间隙	□如果直径不符合规定，则更换连杆 连杆小头孔径标准值：_____ 检测值：_____ □如果连杆弯曲度偏差大于最大值，则更换连杆。如果扭曲度大于最大值，则更换连杆 弯曲度最大值：_____ 检测值：_____ 扭曲度最大值：_____ 检测值：_____ □如果轴向间隙超过最大值，更换连杆总成。如果有必要，更换曲轴 连杆轴向间隙最大值：_____ 检测值：_____

续上表

步骤	操作方法及说明	质量标准及记录
5.飞轮、曲轴及轴承的检测	(1)飞轮的检测： ①检查齿圈； ②检修飞轮工作面； ③检查飞轮上是否有点火正时记号"0"。 (2)曲轴及曲轴轴承的检测： ①检测曲轴裂纹，用磁粉探伤检查或者超声波探伤检查，无磁粉探伤等设备检测曲轴轴颈上的裂纹； ②检测曲轴弯曲变形，用百分表测量中间主轴颈的径向跳动值； ③检测曲轴轴颈磨损，选用外径螺旋测微器分别检测每一个主轴颈和连杆轴颈的直径来确定轴颈的磨损程度； ④检测曲轴轴颈油膜间隙，用规尺测量塑料间隙规即为曲轴主轴颈的油膜间隙； ⑤检测曲轴轴向间隙，用百分表或者厚薄规检测曲轴的轴向间隙	□如果齿圈松动或轮齿损坏连续4个以上时，则应更换新齿圈 检测结果：_____ □飞轮工作面磨损成波浪形或起槽，深度超过0.5mm时，应更换飞轮并对曲轴和飞轮进行动平衡试验，否则，会影响发动机运转的平稳性能 检测结果：_____ □换用新飞轮时要检查有无"0"记号，若没有，应用号铣打上，以便校正点火正时 检测结果：_____ □曲轴若有横向裂纹，则应该更换；若有纵向裂纹经过光磨后可用放大镜检查。其技术要求是：各轴颈轴线方向的裂纹未延伸至两端圆角处或油孔边缘时，曲轴可以继续使用，否则，应予以更换 检测结果：_____ □如果曲轴弯曲变形程度大于最大值，则更换曲轴 曲轴弯曲变形最大值：_____ 检测值：_____ □如果磨损程度大于最大值，则更换曲轴 曲轴轴颈磨损最大值：_____ 检测值：_____ □如果油膜间隙大于最大值，则更换曲轴轴承，如有必要，则更换曲轴 油膜间隙最大值：_____ 检测值：_____ □如果轴向间隙大于最大值，则成套更换止推垫圈 轴向间隙最大值：_____ 检测值：_____

3.配气机构的检修

发动机配气机构的检测内容包括凸轮轴、气门组件、汽缸盖的检测，相关操作方法及说明见表4-9。

配气机构的检修操作方法及说明　　　　　表4-9

步骤	操作方法及说明	质量标准及记录
1.凸轮轴的检测	(1)检测凸轮轴弯曲变形，用百分表测量凸轮轴中间的轴颈的径向跳动量； (2)检测凸轮轴凸轮的磨损，使用外径螺旋测微器测量凸轮轴凸轮高度；	□如果圆度误差超标值超过最大值，则更换凸轮轴 圆度误差超标值最大值：_____ 检测值：_____ □如果凸轮高度低于最小值，更换凸轮轴 凸轮高度最小值：_____ 检测值：_____

续上表

步骤	操作方法及说明	质量标准及记录
1. 凸轮轴的检测	(3)检测凸轮轴轴颈的磨损,使用外径螺旋测微器测量凸轮轴轴颈直径;	□如果轴颈不符合标准,更换凸轮轴 轴颈标准值：_____ 检测值：_____
	(4)检测凸轮轴轴颈的油膜间隙,检查轴承的剥落和拉伤,用塑料间隙规测量油膜间隙;	□如果轴承损坏,成套更换轴承和汽缸盖,如果油隙超过最大值,更换凸轮轴;如果必要,成套更换轴承盖和汽缸盖 油膜间隙最大值：_____ 检测值：_____
	(5)使用百分表测量凸轮轴轴向间隙	□如果轴向间隙超过最大值,更换凸轮轴,如果必要,成套更换轴承盖和汽缸盖 轴向间隙最大值：_____ 检测值：_____
2. 气门组件的检测	(1)检测压缩弹簧,使用游标卡尺测量气门弹簧的自由长度,用钢角尺测量气门弹簧的偏移量;	□如果自由长度不符合规定,则更换气门弹簧。如果偏移量大于最大值,则更换气门弹簧 自由长度标准值：_____ 检测值：_____ 偏移量允许的最大值：_____ 检测值：_____
	(2)检测气门头部边缘厚度,用游标卡尺测量气门头部边缘厚度;	□如果气门顶部边缘的厚度小于0.50mm,则更换气门 检测值：_____
	(3)目测检查气门工作锥面;	□若气门工作锥面变宽、起槽、烧蚀出现斑点或用手指能摸出磨损台阶,应用气门光磨气门的工作锥面 检测结果：_____
	(4)用千分尺检测气门杆磨损情况;	□若磨损量超过0.05mm(轿车),或用手触摸有明显阶梯感觉,应更换气门 检测结果：_____
	(5)检测气门杆端面磨损情况;	□气门杆端面若有凹陷,应磨平,但气门全长不得减小0.50mm。轴向磨损量大于规定值时,应予以更换。若轴向磨损量未超过极限值,而杆面出现不平、疤痕,可用气门光磨机修磨 检测结果：_____
	(6)用百分表检测气门杆弯曲度;	□若气门杆弯曲度大于规定值,则应更换气门或者进行冷压校直 标准值：_____ 检测结果：_____
	(7)用百分表检查气门杆与气门导管配合间隙	□气门杆与气门导管的配合间隙超过限度,应予以更换 限度值：_____ 检测结果：_____

续上表

步骤	操作方法及说明	质量标准及记录
3.汽缸盖的检测	(1)检测汽缸盖平面度,使用精密直尺和测隙规,测量汽缸体和歧管接触面的翘曲度;	□如果翘曲度大于最大值,则更换汽缸盖 翘曲度最大值:_____ 检测结果:_____
	(2)检测汽缸盖是否破裂,用染色渗透法检查进气口、排气口以及汽缸体表面是否有裂纹;	□如果汽缸盖有裂纹,则更换汽缸盖 检测结果:_____
	(3)使用精密直尺和测隙规,检测汽缸盖与进排气歧管接合平面	□汽缸盖与进、排气歧管接合平面的平面度误差不应大于0.05mm,平面度超差后应修磨,修磨量应小于1.0mm,否则,应更换 检测结果:_____

4.燃油、电控系统的检修

燃油电控系统的检测内容包括燃油供给系统的密封性检测、各传感器技术状况检测、各执行器技术状况检测、点火系统电路检测、点火正时的检查,相关操作方法及说明见表4-10。

燃油、电控系统的检修操作方法及说明　　　　　　　　　　表4-10

步骤	操作方法及说明	质量标准及记录
1.燃油供给系统的密封性检测	检测燃油供给系统有无破损、渗漏,是否紧固可靠	□如果燃油泄漏,必要时维修或更换零件 检测结果:_____
2.各传感器技术状况检测	检测空气流量传感器、曲轴位置传感器、凸轮轴位置传感器、氧传感器、爆震传感器节气门位置传感器、冷却液温度传感器等传感器及其电路是否正常	□如果不正常,则维修或更换线束、连接器或者传感器 检测结果:_____
3.各执行器技术状况检测	(1)检测燃油泵,用欧姆表测量燃油泵的内阻;	□如果结果不符合规定,则更换燃油泵 检测结果:_____ □如果电阻结果不符合规定,则更换喷油器 电阻规定值:_____ 检测结果:_____
	(2)检测喷油器,用欧姆表测量喷油器的内阻,用量筒测量喷油量	□如果喷油量不符合规定,则更换喷油器总成 喷油量规定值:_____ 检测结果:_____
4.点火系统电路检测	(1)检测火花塞,检查火花塞绝缘体是否有裂纹,检查火花塞螺纹是否损坏,检查火花塞铜密封垫片是否完好; (2)检测点火线圈; (3)检测点火线圈电路,将点火开关置于"ON"位置,检查点火线圈正极(+B)端子处是否有蓄电池电压; (4)检测ECM(电子控制模块),查阅维修手册或电路图,查找ECM的相应针脚,断开ECM连接器,测量线束侧连接器的电压和电阻	□火花塞如果有裂纹,螺纹损坏,火花塞铜密封垫片损坏的情况,更换火花塞 检测结果:_____ □如果点火线圈有损坏则更换点火线圈 检测结果:_____ □若点火线圈电源供应正常,则需检查并确认ECM是否有电源供应 检测结果:_____ □检测结果应该符合维修手册要求,ECM状态应该正常 检测结果:_____

续上表

步骤	操作方法及说明	质量标准及记录
5. 点火正时的检查	检查点火正时。采用点火正时灯或者手持式汽车诊断电脑检测点火提前角来检查点火正时	□对于无分电器式电控点火系统,点火提前角是不可调整的,若点火提前角的检测值与标准值不符,则只能检查点火正时标记是否对准。如果正时标记对准,则需对发动机控制系统进行系统分析,找出导致点火不正时的原因 检测结果:_____

5. 润滑和冷却系统检修

润滑和冷却系统的检测内容包括机油压力检测、散热器盖压力检测、节温器工作状况检测、冷却风扇工作状况检测,相关操作方法及说明见表4-11。

润滑和冷却系统检修操作方法及说明　　　　　　　　　　　表4-11

步骤	操作方法及说明	质量标准及记录
1. 机油压力检测	检查机油压力,断开机油压力开关连接器,拆下机油压力开关,安装机油压力表,使发动机暖机,检查机油压力	□机油压力应符合维修手册要求 检测结果:_____
2. 散热器盖压力检测	(1)检测散热器盖座,拆下散热器盖,目视检查其橡胶密封垫,目视检查阀座、负压阀的压力释放后能否完全关闭,用手指轻轻拉动空气阀的阀芯来检查空气阀; (2)检测蒸汽阀压力,使用专用散热器盖测试仪,检查蒸气阀的开启压力	□橡胶密封垫应该无裂纹及损坏。阀座无向外膨胀、无积土与损坏,负压阀压力释放后应能完全关闭,空气阀的阀芯工作良好 检测结果:_____ □蒸汽阀开启压力应该在规定范围内 蒸汽阀标准值:_____ 检测值:_____
3. 节温器工作状况检测	(1)将节温器浸入水中然后逐渐将水加热,检查节温器阀开启温度; (2)检查阀门升程	□如果阀门开启温度不符合规定,则更换节温器 阀门开启温度规定值:_____ 检测值:_____ □如果阀门升程不符合规定,则更换节温器;当节温器处于低温(低于77℃)时,如果阀门不能全关,则更换节温器 阀门升程规定值:_____ 检测值:_____ 阀门关闭情况:_____
4. 冷却风扇工作状况检测	(1)检测冷却风扇电动机,操作冷却风扇,使用智能检测仪检查其工作情况; (2)检测冷却风扇的启动温度; (3)检测冷却风扇的停转温度	□冷却风扇工作状况应良好 检测情况:_____ □冷却风扇的启动温度应该在标准范围内 启动标准温度:_____; 检测温度:_____ □冷却风扇的停转温度应该在标准范围内 停转标准温度:_____; 检测温度:_____

6. 进(排)气系统检修

进(排)气系统的检测内容包括增压器工作性能的检测、进气系统密封性的检测、排气背压的检测,相关操作方法及说明见表4-12。

进(排)气系统检修操作方法及说明　　　　　　　表4-12

工作内容	操作方法及说明	质量标准及记录
1. 增压器工作性能的检测	(1) 检查压气机,拆开涡轮增压器的压气机进气管和出气管,检查压气机叶轮; (2) 检查执行机构,检查各零件和总成含旁通阀执行机构; (3) 检查增压器转子	□若叶轮与压气机壳体有刮痕、压气机壳体内有油污、壳体有裂纹等现象,应更换涡轮增压器 检测结果:_____ □若叶轮、涡轮以及其他零件和总成有变形、裂纹或破损,应更换增压器总成 检测结果:_____ □用手转动涡轮增压器转子,应感觉转子转动灵活、无碰擦感,否则要更换 检测结果:_____
2. 进气系统密封性的检测	目视检查空气滤清器和通风软管、进气歧管等部件	□有漏气则进行部件拆装及检查,必要时更换 检测结果:_____
3. 排气背压的检测	(1) 气压表检测,拆下氧传感器,接上气压表,起动发动机,使发动机温度达到85℃以上,将发动机加速到2500r/min,读取气压表的读数,即为排气管的背压; (2) 废气分析仪检测,将废气分析仪的探头插入排气管口,读取废气中的HC值,将发动机加速到2500r/min,再读取HC值; (3) 检测进气歧管的真空度,发动机怠速运转时,拔下进气管上一根真空管,判断是否有吸力	□气压表的读数其值应在13.8kPa以下才正常,否则,说明排气系统存在堵塞现象 检测结果:_____ □若HC值升高,则表示排气阻力过大 检测结果:_____ □在正常情况下,应该感觉吸力很大,若吸力很小,则排气系统可能有堵塞 检测结果:_____

任务评价

汽车发动机维修质量检验与评定(四级)考核评分记录见表4-13。

汽车发动机维修质量检验与评定(四级)考核评分记录表　　　　表4-13

类别	序号	项目	考核内容及要求	配分	评分标准 (各项配分扣完为止)	得分
专业知识 (30分)	1	发动机技术参数检测	正确描述发动机技术参数检测的内容	5	能回答问题,但回答不完整,按比例扣分;不能回答,扣5分	
		曲柄连杆机构检修	正确描述曲柄连杆机构组成及工作原理	5	能回答问题,但回答不完整,按比例扣分;不能回答,扣5分	
		配气机构检修	正确描述配气机构组成及工作原理	5	能回答问题,但回答不完整,按比例扣分;不能回答,扣5分	
		燃油、电控系统检修	正确描述燃油、电控系统组成及工作原理	5	能回答问题,但回答不完整,按比例扣分;不能回答,扣5分	

续上表

类别	序号	项目	考核内容及要求	配分	评分标准 (各项配分扣完为止)	得分
专业知识 (30分)	1	润滑、冷却系统检修	正确描述润滑、冷却系统组成及工作原理	5	能回答问题,但回答不完整,按比例扣分;不能回答,扣5分	
		进排气系统检修	正确描述进排气系统组成及工作原理	5	能回答问题,但回答不完整,按比例扣分;不能回答,扣5分	
操作技能 (70分)	1	安全防护	个人防护到位、车辆防护到位	5	个人穿戴不全,不得分;车辆防护不全,不得分	
	2	工具、设备、材料准备	选用工具、设备、材料齐全准确	5	缺一件,扣1分;选错一件,扣1分,扣完为止	
	3	发动机技术参数检测	正确检查发动机技术参数相关内容	8	项目少一个,扣2分;方法错误,扣2分;未完成,扣5分	
		曲柄连杆机构检修	正确检查曲柄连杆机构各部件质量状况	8	项目少一个,扣2分;方法错误,扣2分;未完成,扣5分	
		配气机构检修	正确检查配气机构各部件质量状况	8	项目少一个,扣2分;方法错误,扣2分;未完成,扣5分	
		燃油、电控系统检修	正确检查燃油、电控系统各部件质量状况	8	项目少一个,扣2分;方法错误,扣2分;未完成,扣5分	
		润滑、冷却系统检修	正确检查润滑、冷却系统各部件质量状况	8	项目少一个,扣2分;方法错误,扣2分;未完成,扣5分	
		进排气系统检修	正确检查进排气系统各部件质量状况	8	项目少一个,扣2分;方法错误,扣2分;未完成,扣5分	
	4	正确使用工具、设备、材料	工具、设备使用正确	5	一种工具、设备、材料使用不正确,扣2分	
					损坏、丢失一件工具,不得分	
	5	清理现场 (5S管理)	清理、擦洗并回收工具和设备	7	少收一件工具、设备,扣1分,扣完为止	
		分数总计		100	最终得分	

考核员签字:_____ 日期:_____年___月___日

任务2 汽车发动机维修质量检验与评定(三级)

▶ 建议学时:6学时

一、知识要求

1.能叙述发动机总成大修技术要求和竣工检验标准及条件。

2. 能列举发动机常见机械异响的故障原因及诊断方法。

3. 能叙述发动机燃油控制系统、进排气系统、润滑系统和冷却系统及排放控制系统的故障的诊断方法。

二、技能要求

1. 能检测发动机技术参数。

2. 能诊断排除发动机机械故障。

3. 能诊断排除发动机燃油、进排气系统、润滑系统和冷却系统及排放控制系统故障。

一、发动机总成大修

发动机总成大修内容包括发动机总成大修工艺规程及技术要求、发动机竣工检验标准及条件,相关知识要求和技术要求见表4-14。

发动机总成大修相关要求　　　　　　　　　　表4-14

工作内容	相关知识要求	相关技术要求
1. 发动机总成大修工艺规程及技术要求	(1) 发动机总成大修的方法; (2) 发动机解体及安装; (3) 发动机总成大修工艺规程及技术要求	大修中,所有的维修部件都应该达到新零件的性能或者是维修标准,所有的轴承、垫圈和密封圈都要更换
2. 发动机竣工检验标准及条件	(1) 发动机竣工检验方法; (2) 发动机竣工检验标准及条件	发动机大修竣工后应恢复其完好技术状况和寿命程度

二、发动机单个机械故障诊断排除

发动机单个机械故障诊断排除内容包括发动机常见机械异响故障诊断方法、发动机常见机械异响产生原因及排除方法,相关知识要求和技术要求见表4-15。

发动机单个机械故障诊断排除相关要求　　　　　　表4-15

工作内容	相关知识要求	相关技术要求
1. 发动机常见机械异响故障诊断方法	(1) 发动机机械的组成部件和结构; (2) 发动机机械的工作原理; (3) 发动机常见机械异响故障诊断方法	在正常工作温度下,发动机在额定转速范围内以高、中、低速运转应无异常响声
2. 发动机常见机械异响产生原因及排除方法	(1) 发动机常见机械异响产生原因; (2) 发动机常见机械异响的排除方法	发动机竣工后应工作状态良好,无异响,外观无破损、脏污等,安装牢固,工作无异响;各部件参数符合厂家规定;发动机的使用性能参数符合厂家规定

三、发动机燃油、控制系统单个故障诊断排除

发动机燃油、控制系统单个故障诊断排除内容包括发动机燃油供给系统故障诊断方法、

发动机怠速控制相关知识及故障诊断方法、发动机控制系统故障诊断方法,相关知识要求和技术要求见表4-16。

发动机燃油、控制系统单个故障诊断排除相关要求　　　　　　　　　表4-16

工作内容	相关知识要求	相关技术要求
1.发动机燃油供给系统故障诊断方法	(1)发动机燃油供给系统的组成部件和结构; (2)发动机燃油供给系统的工作原理; (3)发动机燃油供给系统故障诊断方法	发动机燃油供给系统的附件应该齐全,安装正确、牢固,各部位应该密封良好,连接无破损松脱,燃油供给系统性能指标应该符合制造厂的维修技术要求
2.发动机怠速控制相关知识及故障诊断方法	(1)发动机怠速控制系统的组成和原理; (2)发动机怠速控制故障造成的影响; (3)发动机怠速控制故障诊断方法	在正常工作状态下,发动机怠速运转稳定,其怠速转速应符合原设计规定,并能保证向其他工况圆滑过渡
3.发动机控制系统故障诊断方法	(1)发动机控制系统的组成部件和结构; (2)发动机控制系统的工作原理; (3)发动机控制系统的故障诊断方法	维修竣工后,发动机控制系统应工作状态良好。在正常工作温度下,以高中低速运转,应供油正常,运转稳定、无过冷过热现象;改变转速时,应过渡圆滑,不得有爆燃、回火、放炮等异常现象

四、诊断排除进排气系统单个故障

诊断排除进排气系统单个故障内容包括诊断排除进排气系统故障,发动机增压系统故障诊断方法,尾气分析仪、烟度计使用相关知识,相关知识要求和技术要求见表4-17。

诊断排除进排气系统单个故障相关要求　　　　　　　　　表4-17

工作内容	相关知识要求	相关技术要求
1.诊断排除进排气系统故障	(1)进排气系统的组成及作用; (2)进排气系统的常见故障及原因; (3)进排气系统的故障诊断与排除方法	发动机进排气系统的附件应该齐全,安装正确、牢固,各部位应该密封良好,进排气系统性能指标应该符合制造厂的维修技术要求
2.发动机增压系统故障诊断方法	(1)发动机增压系统组成、作用及工作原理; (2)发动机增压系统常见故障及原因; (3)发动机增压系统的故障诊断与排除方法	增压装置应按原厂规定进行装配和检验,增压器应工作正常,转速应达到原设计规定;具有增压器旁通管道控制的发动机,旁通管道开启与关闭应灵活可靠,开启及关闭的转速应符合原设计规定
3.尾气分析仪、烟度计使用相关知识	(1)尾气分析仪的检测原理及使用方法; (2)烟度计的检测原理及使用方法	尾气排放污染物限值应符合国家有关标准的规定

五、润滑、冷却系统单个故障诊断排除

润滑、冷却系统单个故障诊断排除内容包括润滑系统故障诊断方法、冷却系统故障诊断

方法,相关知识要求和技术要求见表4-18。

润滑、冷却系统单个故障诊断排除相关要求　　　　　　表4-18

工作内容	相关知识要求	技术要求
1.润滑系统故障诊断方法	(1)润滑系统的组成及作用; (2)润滑系统的工作原理; (3)润滑系统常见故障及原因; (4)润滑系统故障诊断方法	发动机润滑系统的附件应该齐全,安装正确、牢固,各部位应该密封良好,润滑系统性能指标应该符合制造厂的维修技术要求
2.冷却系统故障诊断方法	(1)冷却系统的组成及作用; (2)冷却系统的工作原理; (3)冷却系统常见故障及原因; (4)冷却系统故障诊断方法	发动机冷却系统的附件应该齐全,安装正确、牢固,各部位应该密封良好,冷却系统性能指标应该符合制造厂的维修技术要求

六、排放控制系统单个故障诊断排除

排放控制系统单个故障诊断排除内容包括曲轴箱通风系统的组成与工作原理,燃油蒸发控制系统的组成与工作原理,废气再循环系统的组成与工作原理,三元催化转换器的组成与工作原理,柴油机颗粒捕集器、氧化催化转换器、选择还原催化转换器的组成与工作原理,相关知识要求和技术要求见表4-19。

排放控制系统单个故障诊断排除相关要求　　　　　　表4-19

工作内容	相关知识要求	技术要求
1.曲轴箱通风系统的组成与工作原理	(1)曲轴箱通风系统的组成; (2)曲轴箱通风系统的工作原理	曲轴箱通风系统的附件应该齐全,安装正确、牢固,各部位应该密封良好,曲轴箱通风系统性能指标应该符合制造厂的维修技术要求
2.燃油蒸发控制系统的组成与工作原理	(1)燃油蒸发控制系统的组成; (2)燃油蒸发控制系统的工作原理	燃油蒸发控制系统的附件应该齐全,安装正确、牢固,各部位应该密封良好,燃油蒸发控制系统性能指标应该符合制造厂的维修技术要求
3.废气再循环系统的组成与工作原理	(1)废气再循环系统的组成; (2)废气再循环系统的工作原理	废气再循环系统的附件应该齐全,安装正确、牢固,各部位应该密封良好,废气再循环系统性能指标应该符合制造厂的维修技术要求
4.三元催化转换器的组成与工作原理	(1)三元催化转换器的组成; (2)三元催化转换器的工作原理	三元催化转换器的附件应该齐全,安装正确、牢固,各部位应该密封良好,三元催化转换器性能指标应该符合制造厂的维修技术要求
5.柴油机颗粒捕集器、氧化催化转换器、选择还原催化转换器的组成与工作原理	(1)柴油机颗粒捕集器的组成 (2)柴油机颗粒捕集器的工作原理; (3)氧化催化转换器的组成; (4)催化转换器工作原理; (5)选择还原催化转换器的组成; (6)选择还原催化转换器的工作原理	排放污染物限值应该符合国家有关标准的规定

一、实训资源

（1）实训场地：汽车实训场或者实训工位1个。
（2）实训设备：发动机翻转台架1台。
（3）工具耗材与设备：工具车1套，常用工具1套，解码仪一套、汽油、机油、二硫化钡锂基润滑脂、盛油器皿、尾气分析仪、烟度计。

二、安全注意事项

（1）不得在诊断检测故障过程中随意增加发动机转速，必须符合转速要求。
（2）发动机旋转台架，在分离过程和装配中，一定要注意安全，穿好工服及工鞋。
（3）排气系统及尾气检测时，应注意废气及排气系统温度，谨防烫伤。
（4）维修过程中，若燃油或机油不慎泄漏，应做好防火防滑处理。

三、操作过程

1. 发动机总成大修

发动机总成大修内容包括发动机总成大修及竣工检验，相关操作方法及说明见表4-20、表4-21。

发动机总成大修检验操作方法及说明　　　　　　　表4-20

步骤	操作方法及说明	质量标准及记录
1. 从车上拆下发动机	（1）车辆停置可靠及做好安全防护； （2）拆卸发动机相关连接部件； （3）将发动机从汽车上拆下来并安装到发动机大修台上	□车辆平稳固定，应做好安全防护措施 □发动机外观应清洁干净，不得有脏物和油污，各零部件应该完好无损 □吊索安装位置应正确，发动机拆出后应妥善放稳，保持良好通风
2. 发动机解体	（1）将发动机安装到发动机大修台上； （2）按维修手册的要求解体发动机	□拆卸零件，应检查好坏，做好分门别类的区分和相关标记 □检查各部件应该符合维修手册质量标准，若不符合，则更换相应的零部件 □拆卸各部件，检查外观及连接处有无裂纹、损伤，若有，应直接更换
3. 零件清洗及分类	（1）清洗清洁汽缸壁、燃烧室内壁、气门座和气门体、火花塞； （2）将各零件进行归类，方便辨识及更换	□使用专用工具清洁汽缸壁、燃烧室、气门组和气门体去除积炭 □使用专用工具清洁火花塞，去除积炭，电极间隙应符合要求，否则应更换 □零件损伤严重，无法修复或修复成本太高，为报废件 □零件的磨损及误差超过允许值，但还可以修复使用，零件磨损后尺寸和行为公差在维修手册规定的大修允许和使用极限，为可用件

续上表

步骤	操作方法及说明	质量标准及记录
4.零件修理及检验清洗	(1)报废件,直接送到废料仓库; (2)维修需修零部件; (3)可用零件,继续使用,等待组装; (4)外购零件,备品库等待安装; (5)确保清洗质量,严格按照规定的清洗液剂与清洗方法进行零部件的清洁作业	□零件修理竣工后应该符合维修手册标准 □零件清洗之后应该无油污、无灰尘
5.发动机装配	利用工具,按装配工艺要求和维修手册的装配顺序将发动机装配完整	□发动机应按装配工艺要求装配齐全,装配过程中应按要求进行过程性检验,检验应符合原制造厂维修技术要求 □发动机的外观应整洁,无油污。发动机各部位应密封良好,不得有漏油、漏水、漏气现象,电气部分应安装正确,绝缘良好 □发动机各部件性能应达到规定的技术要求
6.将发动机安装到车上	(1)按维修手册的要求将发动机安装到车上; (2)清洁发动机外部,检查隔热层	□应严格按照维修手册组装顺序进行 □安装到车上的发动机应该无油污、无灰尘、隔热层密封良好

发动机竣工检验操作方法及说明　　　　　　　　　　　表 4-21

步骤	操作方法及说明	质量标准及记录
1.发动机外观检查	目视检查发动机外观	□发动机的外观应整洁,无油污,发动机点火、燃料供给、润滑、冷却和进排气等系统的附件应齐全,安装正确、牢固;发动机各部位应密封良好,不得有漏油、漏水、漏气现象,电气部分应安装正确,绝缘良好 检查结果:_____
2.发动机装备检验	检验发动机装备	□外购的零部件和附件均应符合其制造或修理技术要求;修复的零部件装配前应经检验合格,其性能应达到规定的技术要求;主要零部件汽缸体和汽缸盖、曲轴、凸轮轴等如需修理,应满足原制造厂维修技术要求 □各系统部件应安装正确、牢固,不应互相干涉 检查结果:_____
3.起动性能	按《汽车发动机性能试验方法》(GB/T 18297)中的检验方法进行检验	□汽油发动机在环境温度不低于-5℃时,柴油发动机在环境温度不低于5℃时,应能顺利起动。运行起动3次,每次不超过5s □在正常工作温度下,发动机应能在5s内一次顺利起动 检验结果:_____
4.发动机运转状况检验	检验发动机各种工况下的运转情况	□发动机在各种工况下应运转稳定、无异响;改变工况时应过渡圆滑;急加速或减速时不得有突爆声 检验结果:_____

续上表

步骤	操作方法及说明	质量标准及记录
5. 汽缸压力检测	利用汽缸压力表检测汽缸压力	□在正常工作温度下,汽缸压缩压力应符合原设计规定;汽缸压力差,汽油机应不超过各缸平均压力的5%,柴油机应不超过各缸平均压力的8% 检验结果:_____
6. 进气管真空度检测	利用真空表检测进气歧管真空度	□在正常工作温度和标准状态下,发动机进气歧管真空度,怠速下应为57~71kPa,其波动范围不超过4kPa 检验结果:_____
7. 油耗及排放性能检验	(1)检验发动机油耗; (2)检验发动机排放性能	□发动机最低燃料消耗量不应大于原设计标定值的105% □发动机排放装置齐全有效,车载诊断系统(OBD)应工作正常,排气污染物排放应符合国家标准的规定 检验结果:_____

2. 发动机单个机械故障诊断排除

发动机单个机械故障诊断排除内容包括能诊断排除气门脚、挺柱异响,能诊断排除连杆轴承、曲轴轴承异响,能诊断排除活塞敲缸、活塞销敲击异响。相关操作方法及说明见表4-22。

发动机单个机械故障检修操作方法及说明　　　　表4-22

步骤	操作方法及说明	质量标准及记录
1. 能诊断排除气门脚、挺柱异响	(1)用听诊器在机体上部两侧听诊确认故障范围; (2)拆解发动机,检测气门、挺柱安装情况; (3)用游标卡尺检测气门的总长,用螺旋测微器测量气门杆直径,用厚薄规检测气门间隙; (4)根据维修手册步骤安装发动机	□发动机机体应该无异响,否则,需要解体维修 □气门、挺柱部件应该安装牢固 □气门总长应该符合维修手册标准,否则,应更换气门 气门总长标准:_____ 检测数值:_____ □气门杆直径应该符合维修手册标准,否则,应更换气门 气门总长标准:_____ 检测数值:_____ □气门间隙应该符合维修手册标准,否则,应更换气门 气门总长标准:_____ 检测数值:_____
2. 能诊断排除连杆轴承、曲轴轴承异响	(1)用听诊器在机体上部两侧听诊确认故障范围; (2)拆解发动机,检测连杆轴承、曲轴轴承安装情况; (3)目视检查轴承合金是否脱落,用百分表测量连杆轴向间隙,用外径螺旋测微器检测曲轴轴径磨损,用厚薄规检测连杆及连杆轴径、曲轴及曲轴轴承之间的间隙;	□发动机机体应该无异响,否则,需要解体维修 □连杆轴承、曲轴轴承部件应该安装牢固,如有松动应按规定拧紧 □连杆轴承合金应无脱落,同时连杆轴颈无烧蚀、黏结、起毛,如有,应用砂纸打磨轴颈后,更换新的轴承

续上表

步骤	操作方法及说明	质量标准及记录
2. 能诊断排除连杆轴承、曲轴轴承异响	（4）根据维修手册步骤安装发动机	□连杆轴向间隙应符合维修手册标准 连杆轴向间隙标准值：_____ 测量值：_____ □连杆及连杆轴径、曲轴及曲轴轴承之间的间隙应符合标准 连杆及连杆轴径间隙标准值：_____ 测量值：_____ 曲轴及曲轴轴承间隙标准值：_____ 测量值：_____
3. 能诊断排除活塞敲缸、活塞销敲击异响	（1）用听诊器在机体上部两侧听诊确认故障范围； （2）拆解发动机，检测活塞、活塞销安装情况； （3）目视检查是否有润滑不良引起的活塞销严重烧蚀，活塞销锁环是否脱落导致活塞窜动，活塞与活塞销是否装配过紧使活塞变形或反椭圆形，活塞销是否折断； （4）用量缸表测量汽缸直径及外径螺旋测微器尺检查活塞直径计算出活塞油膜间隙； （5）根据维修手册步骤排除故障	□应立即更换汽缸或镗缸、更换活塞连杆组件等 □活塞、活塞销部件应该安装牢固，如有松动应按规定拧紧 □活塞销无严重烧蚀。活塞销锁环应无脱落、活塞销应该无变形，完整无缺，否则，更换活塞销 检测结果：_____ □活塞油膜间隙应该符合维修手册标准值。如果油膜间隙大于最大值，则更换所有活塞。如有必要，更换汽缸体 活塞油膜间隙标准值：_____ 测量值：_____

3. 发动机燃油、控制系统单个故障诊断排除

发动机燃油、控制系统单个故障诊断排除内容包括能诊断排除发动机燃油压力不足故障，能诊断排除发动机怠速不稳故障，能诊断排除发动机加速不良故障，能诊断排除发动机起动困难故障，相关操作方法及说明见表4-23。

发动机燃油、控制系统单个故障检修操作方法及说明　　　　表4-23

步骤	操作方法及说明	质量标准及记录
1. 能诊断排除发动机燃油压力不足故障	（1）将智能检测仪连接到诊断接口处，检查DTC（诊断故障代码）和定格数据； （2）清除DTC和定格数据； （3）再次读码，检查DTC，对照DTC表确认故障症状，确定故障点； （4）执行基本检查，若不能确认故障件，可采用基本检查，如检查蓄电池电压； （5）检查发动机是否转动，正常转动，目视检查并确认空气滤清器没有被污物或机油过度污染。若不转动，通过检查DTC，对所有可能引起故障的电路进行故障排除。按顺序检查每个可疑部位；	□若有真实存在的DTC，检查表所列DTC对应的项目。检查定格数据表，识别可能的故障原因 □将清除正常模式下记录的所有DTC和定格数据。在切换模式前，务必检查并记录所有DTC和定格数据 □连接读取故障码，参考故障码表，确定故障点并排除 □测量电压若低于11 V，更换蓄电池 测量值：_____ □检查发动机转动，检查空气滤清器，若不符合要求，更换空气滤清器 □对照故障症状表，逐个排除故障点 检查结果：_____

续上表

步骤	操作方法及说明	质量标准及记录
1. 能诊断排除发动机燃油压力不足故障	(6)检查燃油泵工作情况和燃油是否泄漏; (7)检查燃油压力,从主燃油管上断开燃油软管,安装燃油压力表。使用智能检测仪动作测试,测量燃油压力; (8)检查喷油器,断开喷油器接头线束,用万用表测量喷油器电阻,检查喷油器电路电压	□检查是否听到油箱燃油流动声音,若无,应检查集成继电器、燃油泵、ECM 和配线连接器;如果燃油泄漏,必要时维修或更换零件 检查结果:_____ □如果燃油压力大于标准值,更换燃油压力调节器。如果燃油压力小于标准值,检查燃油软管和连接情况、燃油泵、燃油滤清器和燃油压力调节器 检查结果:_____ □喷油器电阻测量值对照标准值,不符合要求直接更换 □喷油器测量电压参考标准电压,若不符合要求,直接更换线束
2. 诊断排除发动机怠速不稳故障	(1)使用智能检测仪进行诊断记录 DTC 和定格数据; (2)清除 DTC 和定格数据; (3)确认故障症状,出现故障,检查 DTC,对照 DTC 表,确定故障点; (4)执行基本检查,未确认故障件时,无故障症状时,可采用基本检查。检查蓄电池电压; (5)检查发动机是否正常转动,目视检查并确认空气滤清器没有被污物或机油过度污染。若不转动,通过检查 DTC 未能确认故障时,对所有可能引起故障的电路进行故障排除。按顺序检查每个可疑部位。必要时,维修或更换有故障的零件或进行调整; (6)检查汽缸压缩压力; (7)检测空燃比传感器; (8)检测点火系统; (9)检查空调信号电路,操作空调开关,检查空调是否正常运转,各功能是否齐全; (10)使用智能检测仪执行主动测试,检查燃油泵工作状态; (11)检查进气系统是否存在真空泄漏,PCV 软管连接是否正确且无损坏; (12)检查PCV系统,起动发动机,断开真空软管,使用智能检测仪检查在VSV端口出现的真空	□识别故障原因,判断故障是否属于真实故障 □清除正常模式下记录的所有 DTC 和定格数据 □连接读取故障码,参考故障码表,确定故障点并排除 □测量电压若低于11 V,更换蓄电池 检查结果:_____ □检查发动机转动,检查空气滤清器,若不符合要求,更换空气滤清器 □对照故障症状表,逐个排除故障点 □测量压缩压力,参考标准值,过大和过小均需继续检查排除 □空燃比传感器性能应符合要求,否则应更换 □检查火花,若太弱,则用万用表检查蓄电池电压是否符合要求,若正常,应更换高压线圈;否则,检查分电器盖、分火头及高压线是否漏电 □检查空调相关电路,若有故障应先排除再进行下一步操作 □燃油泵工作应该正常,否则应更换 □进气系统若存在真空泄漏,维修或更换进气系统 □PCV 软管连接异常或者损坏,则维修或更换PCV 软管 □真空如果结果不符合规定,则更换 VSV、线束或 ECM

续上表

步骤	操作方法及说明	质量标准及记录
3. 能诊断排除发动机加速不良故障	(1)使用智能检测仪进行诊断,记录 DTC 和定格数据; (2)清除 DTC 和定格数据; (3)设置检测模式诊断,确认故障症状,出现故障,检查 DTC,对照 DTC 表,确定故障点; (4)执行基本检查,未确认故障件时,无故障症状时,可采用基本检查,检查蓄电池电压; (5)检查发动机是否转动,正常转动,目视检查并确认空气滤清器没有被污物或机油过度污染,若不转动,通过检查 DTC 未能确认故障时,对所有可能引起故障的电路进行故障排除;按顺序检查每个可疑部位; (6)燃油管路外观检查,燃油泵工作状态,使用智能检测仪执行主动测试; (7)检查正时带正时标记是否对齐; (8)停机状态下,检测质量空气流量传感器的阻值; (9)检查节气门体,将点火开关置于"ON"位置。踩下加速踏板时,检查电动机的工作声音; (10)检查爆震传感器,断开爆震传感器连接器。将点火开关置于"ON"位置,测量电压	□识别故障原因,以及判断故障是否属于真实故障 □将清除正常模式下记录的所有 DTC 和定格数据 □连接读取 DTC,参考 DTC 表,确定故障点并排除 □测量电压若低于11V,更换蓄电池 检查结果:_____ □检查发动机转动,检查空气滤清器,若不符合要求,更换空气滤清器对照故障症状表,逐个排除故障点 □燃油管路无破损、裂纹、无泄漏和非正常弯曲,工作正常,有声音,否则应更换 □若正时标记未对齐,应调整合适位置 □测量值对比标准值,不符合要求则直接更换 □确保电动机没有摩擦噪声。如果有摩擦噪声,则更换节气门体 □测量电压参考标准值,若不符合要求,直接更换
4. 能诊断排除发动机起动困难故障	(1)使用智能检测仪进行诊断记录 DTC 和定格数据; (2)清除 DTC 和定格数据; (3)确认故障症状,出现故障,检查 DTC,对照 DTC 表,确定故障点; (4)执行基本检查,未确认故障件时,可采用基本检查,如检查蓄电池电压; (5)检查发动机是否正常转动,目视检查并确认空气滤清器没有被污物或机油过度污染。若不转动,通过检查 DTC 未能确认故障时对所有可能引起故障的电路进行故障排除,按顺序检查每个可疑部位; (6)检测燃油泵控制电路,当发动机起动时,检测电路是否导通; (7)发动机冷却液温度传感器,拔下接头线束,用万用表测其阻值; (8)检查点火系,接通起动开关,若起动机能拖动发动机达到规定的起动转速,但是发动机无起动征兆(发动机无着火、爆震声)则说明点火系统有故障,检查点火系统是否正常工作,并排除再进入下一步;	□识别故障原因,以及判断故障是否属于真实故障 □将清除正常模式下记录的所有 DTC 和定格数据 □连接读取 DTC,参考故 DTC,确定故障点并排除 □测量电压若低于11V,更换蓄电池 检查结果:_____ □检查发动机转动,检查空气滤清器,若不符合要求,更换空气滤清器 对照故障症状表,逐个排除故障点 □检查线束连接是否可靠,若燃油泵无法动作,应对照电路图排除线路故障 □冷却液温度传感器阻值应该在标准范围内,否则应更换 □检查火花,若太弱,则用万用表检查蓄电池电压是否符合要求;若正常,应更换高压线圈;否则,检查分电器盖、分火头及高压线是否漏电

续上表

步骤	操作方法及说明	质量标准及记录
4.能诊断排除发动机起动困难故障	(9)拔下喷油器接头线束,用万用表测量喷油器电阻; (10)使用压力表测量汽缸压缩时的压力值; (11)检查喷油器电路,断开喷油器总成连接器,将点火开关置于"ON"位置,测量相关端子电压; (12)检查进气系统是否存在真空泄漏; (13)检查节气门体,将点火开关置于"ON"位置,踩下加速踏板时,检查电动机的工作声音	□用喷油器电阻测量值与标准值对照,若不符合要求,直接更换 □以汽缸压缩时的压力值测量结果对照标准值,若不符合要求,应检查压力偏小原因并排除 □喷油器电路测量电压参考标准电压,若不符合要求,直接更换喷油器线束 □进气系统应无泄漏,若有泄漏,维修或更换进气系统 □确保电动机没有摩擦噪声。如果有摩擦噪声,则更换节气门体

4.诊断排除进排气系统单个故障

诊断排除进排气系统单个故障内容包括进气系统检查,排气系统检查,增压器故障诊断,使用尾气分析仪、烟度计诊断故障,相关操作方法及说明见表4-24。

诊断排除进排气系统单个故障检修操作方法及说明　　表4-24

步骤	操作方法及说明	质量标准及记录
1.进气系统检查	(1)在车上检查,检查进气系统气密性; (2)检查空气滤清器; (3)检查二次补气装置,检查与空气控制阀相连接的橡胶油管是否存在堵塞或破裂;检查空气控制阀工作是否正常	□进气系统应该密封良好,无泄漏。若有,应维修或更换相应的部件 □空气滤清器壳体或盖应无破损,若有则维修或更换;滤芯应无堵塞,若有更换或修复滤芯 □二次补气装置应无破损或堵塞,若有,则更换橡胶油管;空气控制阀工作应正常,否则,修理或更换空气控制阀
2.排气系统检查	(1)在车上检查,检查废气是否泄漏; (2)拆检排气歧管总成,检查相关附件; (3)安装排气歧管	□排气系统应无废气泄漏,若有,则检修或更换相应部件 □排气歧管相关附件应该符合维修手册标准,否则,进行维修或者更换 □排气系统各部位应安装牢固密封良好,各部件性能应达到规定的技术要求
3.增压器故障诊断	(1)检查增压器端是否漏油; (2)目测检查进气直软管壁; (3)检查增压器转子轴承或推力轴承磨损情况; (4)检查增压器零部件安装位置是否正确,启动过程是否正确	□增压器应无漏油,若有漏油,解体增压器修复 □进气软管壁应无机油、压扁,若有,应清洗或更换滤芯 □增压器轴承和推力轴承,不能磨损过量,若磨损过量,需更换 □零部件安装位置应该正确,启动和停机过程应该正确,否则,进行维修调整
4.使用尾气分析仪、烟度计诊断故障	(1)用尾气分析仪测量尾气中的 HC、CO、NO_x 或硫化物的含量; (2)检测尾气烟度时,连接好取样探头,测量工具自身应清洁无故障,测量取样,取最后三次测量结果的平均值	□尾气分析仪应该正确连接,使用功能正常。能正确读取尾气数值,判断是否达标 □烟度计应该正确连接,使用功能正常,能正确读取尾气数值,判断是否达标

5.润滑、冷却系统单个故障诊断排除

润滑、冷却系统单个故障诊断排除内容包括润滑系统故障诊断方法、冷却系统故障诊断方法,相关操作方法及说明见表4-25。

润滑、冷却系统单个故障诊断排除检修操作方法及说明　　表4-25

步骤	操作方法及说明	质量标准及记录
1.润滑系统故障诊断方法	(1)目视检查发动机机油油位、机油质量; (2)检测机油压力; (3)拆卸机油泵总成,检查限压阀,在阀柱上涂上机油,检查阀柱是否能在阀孔中平顺地滑动; (4)用测隙规测量机油泵主动转子与从动转子的顶部间隙;用测隙规和精密直尺,测量转子尖端间隙;用测隙规测量从动转子与泵体间的间隙; (5)按维修手册要求安装机油泵总成	□机油油位应该符合标准,如果不符合应该添加。机油质量应该良好,无变质、变色或变稀,否则,应更换机油和机油滤清器 □机油压力应该符合标准,无泄漏 □机油泵限压阀的阀柱应能在阀孔中平顺地滑动。如果不能,应该更换限压阀或机油泵总成 □检查结果对比标准值,顶部间隙大于最大值,直接更换机油泵总成;若侧隙大于最大值,更换机油泵;若泵体间隙大于最大值,更换机油泵 □安装竣工后,各部件应该安装正确,起动发动机后,机油应无渗漏,润滑系统各性能应符合标准
2.冷却系统故障诊断方法	按照维修手册的要求对冷却系统各部件进行检测	□散热器隔栅整齐无损坏并无堵塞现象,水管无龟裂,水管卡子完好,水泵无异响,风扇叶正常无噪声 □散热器及管路、节温器、暖风水管无渗漏,工作正常,冷却液温度保持在标准范围内

6.排放控制系统单个故障诊断排除

排放控制系统单个故障诊断排除内容包括检测、诊断曲轴箱通风系统性能和故障,检测、诊断燃油蒸发控制系统性能和故障,检测、诊断废气再循环系统性能和故障,检测、诊断三元催化转换器性能和故障,检测、诊断柴油机排气颗粒捕集器、氧化催化转换器、选择还原催化转换器的性能和故障,相关操作方法及说明见表4-26。

排放控制系统单个故障诊断排除操作方法及说明　　表4-26

步骤	操作方法及说明	质量标准及记录
1.检测、诊断曲轴箱通风系统性能和故障	(1)检查判断曲轴箱通风是否顺畅; (2)目视检查通风管路中是否有油泥沉积堵塞情况; (3)目视检查软管、连接情况和衬垫; (4)检查PCV(曲轴箱强制通风)阀分总成,将洁净软管安装到通风阀上,检查其工作情况; (5)检查发动机活塞、环及缸壁密封性变差向下窜气导致漏气,可用曲轴箱窜气测量仪进行检测; (6)检查PCV阀安装情况	□曲轴箱通风应顺畅 □通风管路中应无油泥沉积堵塞情况,如有可清理、疏通或更换 □软管应无裂纹、泄漏或损坏,不符合要求直接更换 □向汽缸盖侧吹空气,空气应该畅通;向进气歧管侧吹入空气,空气应该流通困难;如果结果不符合规定,则更换通风阀 □针对测量结果,对照标准值,必要时拆检、维修发动机 □PCV阀如果反装,则纠正重新安装,若元件损坏,则直接更换

续上表

步骤	操作方法及说明	质量标准及记录
2. 检测、诊断燃油蒸发控制系统性能和故障	(1) 起动发动机,待发动机温度升高到正常工作温度时使其急速运转; (2) 检查真空软管内有无真空吸力,用万用表检查电磁阀线束连接器内电源端子的电压; (3) 检查燃油蒸汽排放控制系统,用智能检测仪进行主动测试,检查在清污电磁阀 VSV 端口出现的真空; (4) 检查 EVAP(燃油蒸发排放)各管路、油箱盖及衬垫; (5) 检查活性炭罐外壳、炭罐的通风	□正常温度下,起动机急速运转应该正常 □真空软管内应无吸力,若有,表明电磁阀工作不正常。检测电压时,电压应符合标准,若无电压,则电磁阀有故障,应更换 □VSV 端口出现的真空,应符合规定,否则,更换 VSV、线束或 ECM □EVAP 各管路、油箱盖及衬垫应无松动、损坏或变形,若有,应紧固或更换 □外壳应无裂纹、破损,若有则直接更换;炭罐的通风应符合要求
3. 检测、诊断废气再循环系统性能和故障	(1) 检查进气歧管、EGR(废气再循环)系统控制阀、真空放大器、EGR 延迟电磁开关、温度阀等零部件之间的全部软管和接头; (2) 发动机起动后,急速运转一段时间,检查废气再循环阀工作性能; (3) 用万用表测量真空开关阀电磁线圈的电阻; (4) 检查真空调节阀	□各软管应连接正常、无泄漏堵塞,如有则更换 □废气再循环阀工作性能应正常,否则,进行更换或检修 □开关阀电磁线圈的电阻应该符合标准,若不符合标准,则应更换废气再循环电控真空开关阀 □真空调节阀如有异常,则应更换调节阀
4. 检测、诊断三元催化转换器性能和故障	(1) 目视检查三元催化转换器表面,检查三元催化转换器外壳; (2) 轻轻敲击并晃动三元催化转换器,听其内部是否有碎物移动的声音; (3) 观察仪表板上排气温度警告灯情况; (4) 测量三元催化转换器进出气口温度差; (5) 利用两个氧传感器信号电压波形分析	□若三元催化转换器表面有刮擦、凹痕或裂纹等,应视情况修复或更换;外壳若有斑痕或在其防护罩的中央有明显的暗灰色斑点,则说明三元催化转换器曾因某种原因发生过热故障,需要进一步进行检查 □三元催化转换器内部应无碎物声音,若有,则说明催化剂载体已破碎,需更换三元催化转换器 □观察警告灯,若闪烁说明三元催化转换器温度高;若常亮,说明有故障需排除 □三元催化转换器进出气口温度差应符合标准 □若氧传感器信号的电压波形和波动范围若均趋于一致,说明三元催化转换器失效,则需要更换
5. 检测、诊断柴油机排气颗粒捕集器、氧化催化转换器、选择还原催化转换器的性能和故障	(1) 检测、诊断柴油机排气颗粒捕集器,观察颗粒捕捉器的故障灯; (2) 目视检查氧化催化转换器在行驶中是否受到损伤以及是否过热; (3) 敲击并晃动三元催化转换器,同时要检查三元催化转换器是否有裂纹、各连接是否牢固、各类导管是否有泄漏	□颗粒捕集器的故障灯若闪烁,则表明其被堵塞 □氧化催化转换器表面若有凹陷和刮擦,则说明氧化催化转换器可能受到过损伤;若壳体上有斑点或痕迹,则说明氧化催化转换器曾处于过热状态,需做进一步的检查 □若有物体移动声音,则说明其内部催化剂载体破碎,需更换三元催化转换器。若三元催化转换器若有裂纹,各连接不牢固,各类导管有泄漏,应及时加以处理

续上表

步骤	操作方法及说明	质量标准及记录
5.检测、诊断柴油机排气颗粒捕集器、氧化催化转换器、选择还原催化转换器的性能和故障	（4）测量三元催化转换器的压力损失； （5）观察车辆还原催化转换器故障灯是否亮起	□若其压力损失超过标准值，则更换整个三元催化转换器 □若还原催化器故障灯点亮，则判定有故障，需通过精准的检修后才能继续使用

任务评价

汽车发动机维修质量检验与评定（三级）考核评分记录见表4-27。

汽车发动机维修质量检验与评定（三级）考核评分记录表　　　表4-27

类别	序号	项目	考核内容及要求	配分	评分标准（各项配分扣完为止）	得分
专业知识（30分）	1	发动机总成大修	正确描述发动机总成大修的内容	5	能回答问题，但回答不完整，按比例扣分；不能回答，扣5分	
		发动机单个机械故障诊断排除	正确描述发动机单个机械故障诊断排除相关内容	5	能回答问题，但回答不完整，按比例扣分；不能回答，扣5分	
		发动机燃油、控制系统单个故障诊断排除	正确描述发动机燃油、控制系统单个故障诊断排除相关内容	5	能回答问题，但回答不完整，按比例扣分；不能回答，扣5分	
		诊断排除进排气系统单个故障	正确描述诊断排除进排气系统单个故障相关内容	5	能回答问题，但回答不完整，按比例扣分；不能回答，扣5分	
		润滑、冷却系统单个故障诊断排除	正确描述润滑、冷却系统单个故障诊断排除相关内容	5	能回答问题，但回答不完整，按比例扣分；不能回答，扣5分	
		排放控制系统单个故障诊断排除	正确描述排放控制系统单个故障诊断排除相关内容	5	能回答问题，但回答不完整，按比例扣分；不能回答，扣5分	
操作技能（70分）	1	安全防护	个人防护到位、车辆防护到位	5	个人穿戴不全，不得分；车辆防护不全，不得分	
	2	工具、设备、材料准备	选用工具、设备、材料齐全准确	5	缺一件，扣1分；选错一件，扣1分，扣完为止	
		发动机总成大修及竣工检验	正确进行发动机总成大修及竣工检验相关内容	8	项目少一个，扣2分；方法错误，扣2分；未完成，扣5分	
		发动机单个机械故障诊断排除	正确进行发动机单个机械故障诊断排除	8	项目少一个，扣2分；方法错误，扣2分；未完成，扣5分	
		发动机燃油、控制系统单个故障诊断排除	正确进行发动机燃油、控制系统单个故障诊断排除	8	项目少一个，扣2分；方法错误，扣2分；未完成，扣5分	

项目四 汽车发动机维修质量检验与评定

续上表

类别	序号	项目	考核内容及要求	配分	评分标准 （各项配分扣完为止）	得分
操作技能 (70分)	2	诊断排除进排气系统单个故障	正确进行诊断排除进排气系统单个故障	8	项目少一个，扣2分；方法错误，扣2分；未完成，扣5分	
		润滑、冷却系统单个故障诊断排除	正确进行润滑、冷却系统单个故障诊断排除	8	项目少一个，扣2分；方法错误，扣2分；未完成，扣5分	
	3	排放控制系统单个故障诊断排除	正确进行排放控制系统单个故障诊断排除	8	项目少一个，扣2分；方法错误，扣2分；未完成，扣5分	
	4	正确使用工具、设备、材料	工具、设备使用正确	5	一种工具、设备、材料使用不正确，扣2分	
					损坏、丢失一件工具，不得分	
	5	清理现场（5S管理）	清理、擦洗并回收工具和设备	7	少收一件工具、设备，扣1分，扣完为止	
分数总计				100	最终得分	

考核员签字：_____　　　　　　　　　　　日期：_____年___月___日

项目五　新能源汽车动力系统维护与维修质量检验与评定

项目描述

新能源汽车常包括纯电动汽车、混合动力电动汽车、燃料电池汽车等动力类型,其动力系统区别于燃油汽车的动力系统。新能源汽车动力系统包含动力蓄电池及管理系统、充电系统等能源供给装置,驱动电机、电机控制器等驱动装置。

本项目通过对新能源汽车动力系统维护与维修质量检验技术标准、流程与方法进行讲解,使学员掌握新能源汽车动力系统维修质量检验与评定相关专业知识和操作要点。

其中,任务1对应汽车维修检验工四级职业能力,任务2对应汽车维修检验工三级职业能力。

任务1　新能源汽车动力系维护质量检验与评定(四级)

▶ 建议学时:4学时

考核要求

一、知识要求

1. 能简述新能源汽车动力系统的基本组成。
2. 能简述新能源汽车动力蓄电池总成的维护质量标准。
3. 能简述车载充电系统的维护质量标准。
4. 能简述驱动电机及控制器的维护质量标准。
5. 能简述新能源汽车动力装置冷却系统的维护质量标准。

二、技能要求

1. 能通过自诊断系统检验与评定新能源汽车动力系统的维护质量。
2. 能通过目视检验与评定新能源汽车动力系统外观状况。
3. 能通过功能验证及路试检验与评定新能源汽车动力系统运行状态。
4. 能运用新能源汽车竣工质量检验标准检验与评定新能源汽车动力系统的维护质量。

项目五 新能源汽车动力系统维护与维修质量检验与评定

任务准备

一、新能源汽车动力系统

新能源汽车,是指采用新型动力系统,完全或主要依靠新型能源驱动的汽车,主要包括纯电动汽车、插电式混合动力(含增程式)电动汽车和燃料电池汽车等。纯电动汽车是指以车载电源为动力,用电机驱动行驶的车辆,需要充电设备进行充电,如图 5-1 所示。插电式混合动力汽车是指将燃油动力系统和纯电动动力系统相结合的车辆。燃料电池汽车是指用车载燃料电池装置产生的电力作为动力的车辆。

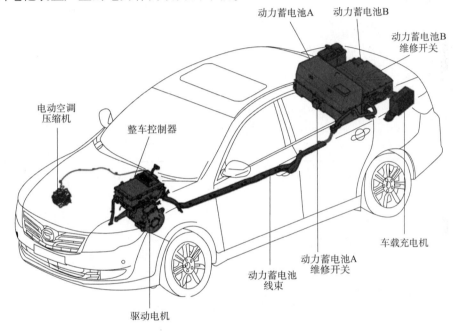

图 5-1 纯电动汽车基本构造

新能源汽车与燃油汽车的主要区别在于它们的动力系统不尽相同。传统的燃油汽车用液态的汽油或柴油作燃料,用内燃机驱动;而新能源汽车用动力蓄电池、燃料电池、电容器或高速飞轮等作相应的动力源,以电机为主要驱动。

二、新能源汽车动力系统的维护作业内容及要求

新能源汽车动力系统维护作业内容主要包括整车绝缘监测、动力蓄电池系统维护、驱动电机系统维护及其他高压部件与线束维护等,相关知识要求和技术要求见表 5-1。

新能源汽车动力系统维护作业内容及要求 表 5-1

工作内容	相关知识要求	相关技术要求
1. 整车绝缘监测	(1)高压绝缘性能检测方法; (2)兆欧表的使用方法	整车绝缘电阻监测系统无报警,如存在异常,参照《纯电动汽车维护、检测、诊断技术规范》(JT/T 1344)进行检查并记录,绝缘电阻应符合《电动汽车安全要求》(GB 18384)的规定

续上表

工作内容	相关知识要求	相关技术要求
2. 动力蓄电池系统维护	(1)工作状况检查方法； (2)动力蓄电池外观检查方法； (3)动力蓄电池冷却系统的构成与检查方法； (4)动力蓄电池箱外壳密封性检测方法	仪表显示值应符合车辆维修手册的规定；外观状态正常，安装连接无松动；系统气密性符合维修手册要求
3. 驱动电机系统维护	(1)绝缘性检测方法； (2)故障诊断仪的使用与故障码读取技术要求； (3)驱动电机及控制器外观检查方法； (4)冷却系统检查方法； (5)传动桥润滑系统检查方法	外观状态正常，安装连接无松动；冷却系统、润滑系统液面高度符合维修手册规定，视情更换或补充
4. 其他高压部件与线束维护	(1)高压配电系统的外观检查方法； (2)充电功能的验证方法； (3)高压警告标记的识别； (4)整车高压线束的布置与插接器的检查方法	外表应无积尘杂物，且干燥；充电工作状态正常，充电保护有效；高压警告标记完好无脱落

三、新能源汽车动力系统的维护竣工检验项目及要求

根据我国交通运输行业标准《纯电动汽车维护、检测、诊断技术规范》(JT/T 1344)，新能源汽车动力系统专用装置二级维护竣工检验内容及要求见表5-2。

新能源汽车动力系统专用装置二级维护竣工检验内容及要求　　表5-2

序号	检验项目	检验要求
1	故障码	使用诊断仪进行故障诊断，应无故障信息
2	仪表、信号指示装置	仪表和信号指示装置的功能应正常，且无异常信息
3	灭火装置	灭火装置应无报警信号，压力值在正常范围内，产品装置在有效期内
4	充电状态	充电连接应配合正常，充电保护应有效
5	外观	(1)高压系统部件应干燥干净，无异物、积尘、变形破损； (2)线束、接插件应无积尘、破损和老化； (3)高压警告标记应齐全、规范、清晰且固定完好
6	固定情况	高压系统部件应安装牢固，线束固定可靠，插接件应锁紧可靠
7	冷却(散热)系统	动力蓄电池、驱动电机等系统冷却功能应正常有效
8	密封性	无漏油、漏液、漏气
9	路试检查	(1)车辆应起步正常，起步、加速平稳且无明显冲击，动力传输应无异响； (2)转向应轻便，无卡滞现象；行程制动过程中制动能量回收功能正常

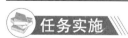

一、实训资源

(1)实训场地：新能源汽车实训场1个。

（2）实训设备：新能源汽车 1 辆。
（3）工具耗材与设备：新能源汽车高压防护套装 1 套，高压维修工具 1 套，兆欧表、气密性检测仪等检测仪器 1 套。

二、安全注意事项

（1）操作人员应穿着工作服和工作鞋，必要时佩戴护目镜、安全帽。
（2）严禁徒手操作高压部件或线路的维护与检验作业。
（3）正确使用兆欧表、气密性检测仪等检测仪器设备。

三、操作过程

在新能源汽车动力系统维护作业过程中，竣工质量检验时依据《纯电动汽车维护、检测、诊断技术规范》（JT/T 1344）开展全面的过程质量检验及竣工质量检验，主要检验方法有利用自诊断系统进行的系统检验、外观状况目视检验、运行功能验证检验与路试检验等。

1. 利用车辆自诊断系统进行系统检验

新能源汽车具备高度智能的自诊断系统，其能有效检测各系统是否存在故障，是否存在绝缘异常等情况，仪表、信号指示装置能有效地显示相关提醒。维修技术员与质量检验员可以使用故障诊断仪进一步读取自诊断系统存储的信息，以准确检验车辆控制系统的状况。具体操作方法及说明见表 5-3。

利用车辆自诊断系统进行系统检验操作方法及说明　　　　　　　　　表 5-3

步骤	操作方法及说明	质量标准及记录
1. 查看仪表、信号指示装置	（1）打开点火开关观察仪表指示灯的显示情况； （2）踩下制动踏板，打开点火开关，使车辆进入"READY"状态（或"OK"状态），观察仪表指示灯的显示情况	□仪表指示灯无异常显示 □多功能信息屏无维修信息显示
2. 读取故障码	（1）连接诊断仪。 ①连接诊断仪接口至 DLC3 接口； ②打开诊断仪电源，选择对应车型进入故障码读取界面； （2）读取故障码。 （3）确认是否存在当前故障码 注意：连接诊断仪时，应关闭点火开关电源	□正确连接诊断仪 □正确选择车型 读取故障码：＿＿＿＿ □无当前故障码 □存在故障码：＿＿＿＿

续上表

步骤	操作方法及说明	质量标准及记录
3. 检验结果处置	（1）仪表指示正常，无当前故障码则检验结果正常； （2）存在当前故障码，则需要返修	□检验结果正常 □检验结果异常，需返修

注意：当整车绝缘电阻监测系统显示存在异常时，参照《纯电动汽车维护、检测、诊断技术规范》（JT/T 1344）附录绝缘电阻检测表进行检查并记录，绝缘电阻应符合《电动汽车安全要求》（GB 18384）的规定。

车牌号：　　　　作业人员（签字）：　　　　检测日期：　　年　　月　　日

直流项	正极对车身		负极对车身	
检测项目	测量值	结果	测量值	结果
动力蓄电池				
驱动电机控制器				
PTC 加热器				
电除霜器				
电源变换器				
车载充电机				
充电插孔				
高压维修开关				

交流项	U 相对车身		V 相对车身		W 相对车身	
检测项目	测量值	结果	测量值	结果	测量值	结果
驱动电机						
电动转向电机						
电动空气压缩机						
驱动电机控制器						
车载充电机						

注1：结果一栏符合要求的记"√"，不符合要求的记"○"。
注2：若无表中某项或某几项，则这些项目不作要求；若存在其他项目，宜作相应增项

2. 外观状况目视检验

新能源汽车在完成维护维修后应对高压系统及其相关附属系统进行外观状况目视检验，以确保高压部件、线束连接、冷却液液位处于正确状态，部件及管路无油液泄漏，具体操作方法及说明见表5-4。

新能源汽车动力系统外观状况目视检验操作方法及说明   表5-4

步骤	操作方法及说明	质量标准及记录
1. 检验冷却系统	(1)对照维修业务委托书(即施工单)确认是否按规定里程更换冷却液; (2)检查冷却液液位是否正常	□确认冷却液是否需要更换 冷却液液位检验：_____ □正常 □不正常,说明：_____
2. 动力机舱目视检验	(1)目视查看动力机舱内高压部件;高压系统部件应干燥、干净、无异物、积尘、变形破损,且安装牢固; (2)目视检查高压警告标记应齐全、规范、清晰且固定完好; (3)目视查看线束插接件:应无积尘、破损和老化;固定可靠,插接件应锁紧可靠	□动力舱内高压部件外观正常 □高压警告标记齐全、规范、清晰且固定完好 □动力舱内线束、插接件 □高压系统部件应安装牢固,线束固定可靠,插接件应锁紧可靠
3. 底盘目视检查	(1)目视查看底盘高压部件;高压系统部件应干燥干净,无异物、积尘、变形破损,且安装牢固; (2)目视检查高压警告标记应齐全、规范、清晰且固定完好; (3)目视查看线束插接件:应无积尘、破损和老化;固定可靠,插接件应锁紧可靠; (4)检查动力蓄电池箱体固定螺栓是否紧固,是否进行作业标记; (5)检查传动桥无润滑油泄漏; (6)检查冷却系统管路无泄漏	□底盘可见高压部件正常 □高压警告标记齐全、规范、清晰且固定完好 □底盘可见高压线束、插接件 □高压系统部件应安装牢固,线束固定可靠,插接件应锁紧可靠 □检验是否存在油液泄漏
4. 灭火装置	查看随车灭火装置:灭火装置应无报警信号,压力值在正常范围内,产品装置在有效期内	□随车灭火器压力值检验 □随车灭火器有效期为：_____

续上表

步骤	操作方法及说明	质量标准及记录
5.检验结果处置	(1)目视外观状况无异常,则检验结果正常; (2)当检验发现有异常时,则需要返修 注意:当目视检查动力蓄电池箱体存在变形、密封接缝等有异常时,可使用动力蓄电池密封性测试仪对其进行复查确认	□检验结果正常 □检验结果异常,需返修

3.运行功能验证与路试检验

新能源汽车在完成维护维修后可以运行动力系统及其相关功能,以试听、体验等方式检验系统是否正常运行,具体操作方法及说明见表5-5。

新能源汽车动力系统运行功能验证与路试检验操作方法及说明　　　表5-5

步骤	操作方法及说明	质量标准及记录
1.检验充电系统功能	(1)连接充电枪确认充电功能正常; (2)检查充电指示灯正常点亮; (3)检验充电保护功能是否有效	□充电连接配合正常 □充电保护应有效
2.静态运行检验	(1)检查驱动电机运行应平稳,且无异常振动和噪声; (2)检查冷却系统工作状况,运行过程应无异常噪声; (3)用鼻嗅检查,舱体周围应无刺激或烧焦等异味; (4)检查空调压缩机、鼓风机等运转正常,应无异响	□驱动电机运转状况检验 □空调压缩机、鼓风机等运转状况检验
3.路试检查	(1)车辆应起步正常,起步、加速平稳且无明显冲击,动力传输应无异响; (2)转向应轻便,无卡滞现象;行程制动过程中制动能量回收功能正常 注意:试车员必须获得驾驶资格、公司内部试车员资格认知方可进行路试作业	□路试起步及动力传输 □路试转向操作 □路试制动系统及能量回收

任务评价

新能源汽车动力系维护质量检验与评定(四级)考核评分记录见表5-6。

新能源汽车动力系维护质量检验与评定(四级)考核评分记录表　　　表5-6

类别	序号	项目	考核内容及要求	配分	评分标准 (各项配分扣完为止)	得分
专业知识 (30分)	1	新能源汽车动力系统的基本组成	正确描述纯电动汽车动力系统的基本组成	5	能回答问题,但回答不完整,按比例扣分;不能回答,扣5分	
			正确描述混合动力电动汽车动力系统的基本组成	5	能回答问题,但回答不完整,按比例扣分;不能回答,扣5分	
	2	竣工检验内容与要求	正确描述竣工检验的内容	10	能回答问题,但回答不完整,按比例扣分;不能回答,扣10分	
			正确描述竣工检验内容的对应要求	10	能回答问题,但回答不完整,按比例扣分;不能回答,扣10分	

续上表

类别	序号	项目	考核内容及要求	配分	评分标准（各项配分扣完为止）	得分
操作技能（70分）	1	劳保用品穿戴	劳保用品穿戴齐全	5	穿戴不全，不得分	
	2	正确选用工具、设备、材料	选用工具、设备、材料齐全准确	5	缺一件，扣1分；选错一件，扣1分	
	3	准备	准备工作齐全	5	准备不充分一次，扣2.5分	
	4	质量检验与评估	利用车辆自诊断系统进行系统检验	15	每项目方法错误，扣5分；未完成，扣5分	
			外观状况目视检验	15	每项目方法错误，扣5分；未完成，扣5分	
			运行功能验证与路试检验	15	每项目方法错误，扣5分；未完成，扣5分	
	5	正确使用工具、设备、材料	工具、设备使用正确	5	一种工具、设备、材料使用不正确，扣2分	
					损坏、丢失一件工具，不得分	
	6	清理现场	清理并回收工具和设备	5	少收一件工具、设备，扣1分	
		分数总计		100	最终得分	

考核员签字：_____　　　　　　　　　　　日期：_____年___月___日

任务2　新能源汽车动力系统维修质量检验与评定（三级）

▶ 建议学时：4学时

一、知识要求

1. 能叙述新能源汽车动力系统的维修作业要求。
2. 能叙述新能源汽车动力蓄电池总成的维修质量标准。
3. 能叙述车载充电系统的维修质量标准。
4. 能叙述驱动电机及控制器总成更换维修质量标准。
5. 能叙述新能源汽车动力装置冷却系统的维修质量标准。

二、技能要求

1. 能检验与评定新能源汽车动力蓄电池总成的维修质量。
2. 能检验与评定新能源车载充电系统的维修质量。
3. 能检验与评定驱动电机及控制器总成更换维修质量。
4. 能检验与评定新能源汽车动力装置冷却系统的维修质量。

任务准备

一、新能源汽车动力系统的作业要求

1. 新能源汽车高压防护规范

新能源汽车较燃油汽车最显著的特征是其采用了高压运行的动力系统,新能源车辆上设有动力蓄电池、驱动电机、电机控制器、车载充电机、空调压缩机等用于驱动、充电、空调运行的高压系统。大多数的电动汽车或混合动力电动汽车的动力蓄电池电压设计都在200V以上,如吉利帝豪EV450车型动力蓄电池电压为346V,丰田混合动力电动汽车"卡罗拉E+"动力蓄电池电压为296V;一些车型在运行时,增压后的工作电压会更高。在新能源汽车高压系统维修作业要求具备相应资格与技术能力。

依据国家标准《电动汽车安全要求 第3部分:人员触电防护》(GB/T 18384.3)的人员触电防护要求,根据不同电压等级可能对人体产生的伤害和危险程度的不同,在电动汽车中,将电压按照类型和数值分为两类,见表5-7。考虑到空气的湿度和人体在不同工作环境下的电阻,基于安全考虑,将车辆电压分为以下安全级别,即:

A级:较为安全的电压等级。直流电低于或等于60V;交流电(50～150Hz)低于或等于30V。在此电压范围内的维护人员不需要采取特殊的保护措施。

B级:对人体会产生伤害,被认为是高压。在该电压下必须采取必要的保护设备对维修人员进行保护。

GB/T 18384.3 规定的电压类型和数值　　　　表5-7

电压等级	最大工作电压 U	
	直流(V)	交流(rms)
A	$0 < U \leqslant 60$	$0 < U \leqslant 30$
B	$60 < U \leqslant 1500$	$30 < U \leqslant 1000$

2. 新能源汽车高压系统维修要求

新能源汽车维修维护作业时,需要采取相应的防护措施,主要包括:

(1)绝缘护具。维修人员操作前必须穿戴好绝缘防护用品,穿好绝缘防护服和绝缘胶鞋,戴好护目镜,根据工作情况选择相应的防高压电工手套或防蓄电池电解液酸碱性手套,如图5-2所示。

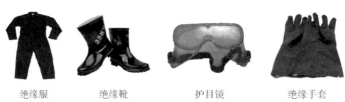

绝缘服　　绝缘靴　　护目镜　　绝缘手套

图5-2　绝缘护具

(2)绝缘工具。新能源汽车高压系统维修时所在维修区域垫上绝缘胶垫,维修人员对带电部件操作时必须使用绝缘工具,如图5-3所示。在断开直流母线后必须使用动力蓄电池安全堵塞将直流母线两侧端子堵住,检修动力蓄电池和电控元件时,必须使用带绝缘垫的专业工作台。

图 5-3　绝缘工具

（3）维修场地。新能源汽车维修作业前需采用隔离措施，使用警戒栏隔离，并树立高压警示牌，以警示不相关人员远离该区域，避免发生安全事故。在维修场地指定位置必须配备消防栓，以保障必要时使用清水灭火。在维修高压设备前，将车身用搭铁线连接到新能源车专用维修工位的接地线上。维修场地需保持环境干净且通风良好，远离液体和易燃物。新能源汽车维修场地如图 5-4 所示。

图 5-4　新能源汽车维修场地

（4）人员要求。维修车辆时，必须设置专职监护人一名，监护人和维修人员必须具备国家认可的特种作业操作证（电工）与初级（含）以上电工证（图 5-5）。禁止未经过培训的人员进行高压部分的检修。正确规范完成高压系统下电后，等待规定时间，待电机控制器、充电机等内部电容元件充分放电。禁止一切人员抱有侥幸心理进行危险操作，避免发生安全事故。

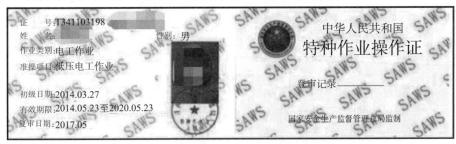

图 5-5　中华人民共和国特种作业操作证（低压电工证）

二、新能源汽车动力系统的维修质量标准

由于新能源汽车近年来的高速发展，相关新能源汽车技术规范、维修规范体系正逐步构建。如国家标准《电动汽车用电池管理系统技术条件》（GB/T 38661）、《插电式混合动力电动乘用车　技术条件》（GB/T 32694），行业标准《纯电动城市客车通用技术条件》（JT/T 1026），地

方标准《车用动力锂离子电池维修服务规范》(DB3401/T 219)等。

此外,对于新能源汽车高压部件的维修,各厂家都保有相关保修政策,当前阶段售后维修范围与深度较为有限,相关维修技术标准仍有持续建设中。如对于新能源动力蓄电池的维修开放程度,各个厂家存在较大差异,根据市场调研城市公共交通用车辆的动力蓄电池维修范围与深度较家用轿车更为广泛。其新能源动力蓄电池达到一定的换电次数、运行期限,或出现破损、故障时,移交维修资质企业维护或故障修理,包括开展蓄电池箱体模组、电芯及其绝缘、电压均衡、管理监测等元件、接插件维护与修理。动力蓄电池修理包括蓄电池的日常检测、中修及大修。

1. 日常检测

电动汽车动力蓄电池的日常检测项目主要包括外观、蓄电池箱连接器、绝缘、电压、通信等。如日常检测中发现问题,日常检测转为中修检查维护。

2. 中修维护

中修维护中应完成日常检测的全部检查项目,开展交流内阻检查、充放电测试、开箱检测等。检修过程中如实做好记录,检修结束后及时完成检修总结报告,并进行总结分析。

3. 大修维护

大修维护中应完成中修的全部检修项目,开展蓄电池箱连接器、模组、电芯及其绝缘、电压均衡、管理监测等元件检查,进而给出检修总结并予以分析。

除了动力蓄电池系统维修外,新能源汽车动力系统维修作业内容还包括整车绝缘监测、驱动电机系统维修及其他高压部件与线束维修等,相关知识要求和技术要求见表5-8。

新能源汽车动力系统维修作业内容及要求　　　　表5-8

工作内容	相关知识要求	相关技术要求
1. 整车绝缘	(1)高压绝缘性能检测方法; (2)兆欧表的使用方法; (3)整车绝缘监测的机理	整车绝缘电阻监测系统无报警,如存在异常,参照《纯电动汽车维护、检测、诊断技术规范》(JT/T 1344)进行检查并记录,绝缘电阻应符合《电动汽车安全要求》(GB 18384)的规定
2. 动力蓄电池系统	(1)工作状况检查方法; (2)动力蓄电池外观检查方法; (3)动力蓄电池冷却系统的构成与检查方法; (4)动力蓄电池箱外壳密封性检测方法; (5)动力蓄电池模组的构成方法; (6)动力蓄电池管理单元的工作原理与检修方法; (7)电芯电压平衡的工艺与方法	动力蓄电池在完成维修后,应对蓄电池电压、绝缘电阻、箱体气密性、总电压、外接充电状态、蓄电池工作状态、蓄电池通风工作状态、高压配电箱中各器件状态、高压互锁状态进行验收。电压、绝缘电阻、箱体气密性验收技术要求应符合蓄电池制造商的规定
3. 充电系统	(1)高压配电系统的外观检查方法; (2)充电功能的验证方法; (3)高压警告标记的识别; (4)整车高压线束的布置与插接器的检查方法	充电系统非电气连接的各带电回路之间、各独立带电回路与地(金属外壳)之间绝缘电阻不应小于10MΩ;系统功能正常

续上表

工作内容	相关知识要求	相关技术要求
4.驱动电机系统	（1）绝缘性检测方法； （2）故障诊断仪的使用与故障码读取技术要求； （3）驱动电机及控制器检查方法； （4）冷却系统维修工艺方法； （5）传动桥润滑系统检测与维修工艺方法； （6）电机转子轴承的更换工艺方法	外观、冷却系统回路密封性能、驱动电机定子绕组冷态直流电阻、绝缘电阻、温升、接地电阻、标识等符合《电动汽车用驱动电机系统　第1部分：技术条件》(GB/T 18488.1)。

一、实训资源

（1）实训场地：新能源汽车实训场1个。

（2）实训设备：新能源汽车动力蓄电池总成1台、新能源汽车驱动电机总成1台、驱动电机控制器总成1台、车载充电机1台。

（3）工具耗材与设备：新能源汽车高压防护套装1套，高压维修工具1套、兆欧表、气密性检测仪、毫欧表、接地电阻仪等检测仪器1套。

二、安全注意事项

（1）操作人员应穿着工作服和工作鞋，必要时佩戴护目镜、安全帽。

（2）严禁徒手操作高压部件或线路的维护与检验作业。

（3）正确使用兆欧表、气密性检测仪等检测仪器设备。

（4）在整车上对高压部件进行拆卸维修前，务必遵守高压下电程序。

三、操作过程

在新能源汽车动力系统维修作业过程中，竣工质量检验时依据国家标准《电动汽车用电池管理系统技术条件》(GB/T 38661)、《插电式混合动力电动乘用车　技术条件》(GB/T 32694)，行业标准《纯电动城市客车通用技术条件》(JT/T 1026)、《纯电动汽车维护、检测、诊断技术规范》(JT/T 1344)，地方标准《车用动力锂离子电池维修服务规范》(DB3401/T 219)等开展全面的过程质量检验及竣工质量检验。

1. 动力蓄电池总成维修质量检验

在动力蓄电池总成维修过程中进行维修竣工检验时，具体操作方法及说明见表5-9。

动力蓄电池总成维修质量检验操作方法及说明　　　表5-9

步骤	操作方法及说明	质量标准及记录
1.维修前	（1）根据蓄电池技术档案和客户描述，通过测试、检查，确定修理项目，填写派工单； （2）修理前，应确保车辆处于制动状态，整车应下电，并在断开手动维修开关10min后方可维修操作	□确认派工单修理项目 □检验手动维修开关的状态

续上表

步骤	操作方法及说明	质量标准及记录
2. 修理过程	应按照维修作业指导书进行修理作业,修理项目及处理方法如下: (1)电压不均衡。 判断标准:电池电压超出压差标准; 处理方法:补电、均衡或更换模块; (2)线束检测。 判断标准:线束无绝缘层破裂、挤压、短路现象,裸露需有绝缘胶带防护; 处理方法:若异常,则做绝缘防护; (3)BMS(电池管理系统)通信正常在线,即主机、从机、绝缘检测模块均正常在线;若异常,则检查通信线束或更换相应故障件; (4)BMS数据监控,上位机可监控到所有单体电压和温度传感数值;蓄电池组总电压值应在合理范围内,且无异常故障报警显示。若异常,则检查通信线束或更换相应故障件; (5)BDU(高压配电盒)内部各元器件正常工作,预充电正常、电流数据正常、充电正常,无异常故障报警;若异常,则更换BDU; (6)对蓄电池结构、外观进行目视检查: 确认螺栓无漏装、密封圈和透气阀无缺失和破损、箱盖与箱体密封紧实;检查箱体表面、螺栓及其箱体内部状况;检查各接插件外观正常,无锈蚀、变形; (7)力矩检查,确认各连接按维修手册规定力矩规格进行紧固;若无明确规定,采用相关标准: M4 力矩值:2~3N·m; M5 力矩值:3~4N·m; M6 力矩值:7~9N·m; M8 力矩值:14~16N·m	□确认准备维修作业指导书 □维修后蓄电池电压压差:_____ 确认是否存在线束裸露 □是　　□否 □目视检查绝缘防护是否有效 复检BMS通信是否正常: □是　　□否 复检BMS数据监控是否正常: □是　　□否 复检充电是否正常: □是　　□否 □复检螺栓无漏装、密封圈和透气阀无缺失和破损、箱盖与箱体密封紧实 □复检箱体表面无磕碰、无刮痕、无破损 □复检箱体和螺栓无明显锈蚀、变形 □复检箱体内部无进水、锈蚀等现象 □复检各接插件外观正常,无锈蚀、变形等现象 □复检力矩规范符合规范要求
	注意: 在维修过程中,修理后应进行自检,自检不合格的作业项目,不应进入下一道工序,应重新作业。 在修理过程中,应采用适当的保护措施,包括但不限于: (1)抬起蓄电池箱体上盖前应先轻抬箱盖四角,防止密封圈受损; (2)工作台应平整洁净或用环氧板铺垫,防止水渍或异物浸入; (3)均衡检测等过程应隔开正负极,防止短路; (4)高低压线束有保护层损伤时应用绝缘胶带做绝缘包裹	

续上表

步骤	操作方法及说明	质量标准及记录
3.竣工检验	(1)检查车辆能正常上电,仪表指示正常,无当前故障码则检验结果正常; (2)存在当前故障码,则需要返修; (3)检查预充电正常、电流数据正常、充电正常; (4)气密性检查:利用气密性测试仪加压检测,充气、平衡,要求气压不低于压力标准,检测气密性直至合格; (5)绝缘性测试: 　高压线缆插接件正极,对绝缘层的绝缘电阻值,应不低于200MΩ; 　高压线缆插接件负极对绝缘层的绝缘电阻值,应不低于200MΩ; 　低压线缆供电正极对绝缘层的绝缘电阻值,应不低于15MΩ; 　低压线缆供电负极对绝缘层的绝缘电阻值,应不低于15MΩ; 　蓄电池系统总正、总负等对箱体金属层的绝缘电阻值,应不低于200MΩ	□检验结果正常 □检验结果异常,需返修 □复检泄气量是否小于或等于车型泄气标准 复检高压线缆插接件正、负极对绝缘层的绝缘电阻值是否符合要求: □正极符合 □负极符合 □均符合 复检低压线缆供电正、负极对绝缘层的绝缘电阻值是否符合要求 复检蓄电池系统总正、总负绝缘电阻值是否符合要求
	注意: (1)使用兆欧表进行测量时,兆欧表量程选择500V,以读数稳定后的数据为准; (2)必须先将高压线缆与动力蓄电池系统断开后才能检测高压线缆的绝缘电阻值; (3)必须先将低压线缆与BMS和车载蓄电池断开后才能检测低压线缆的绝缘电阻值	

2. 驱动电机系统总成维修质量检验

在驱动电机系统总成维修过程中进行维修竣工检验时,具体操作方法及说明见表5-10。

驱动电机系统总成维修质量检验操作方法及说明　　　　表5-10

步骤	操作方法及说明	质量标准及记录
1.维修前	根据《电动汽车用驱动电机系统故障分类及判断》(QC/T 893)对待修车辆驱动电机系统故障进行诊断分类。其中: 　4级轻微故障:不需要更换零部件,车辆仍能正常运行;可使用随车工具在短时间内排除; 　3级一般故障:非主要零部件故障,可以从发生故障地点非正常开到停车场;能用易耗损备件和随车工具在短时间内排除; 　2级严重故障:造成车辆不能正常行驶,但可以从发生故障地点移动到路边,等待救援;性能发生明显的衰退; 　1级致命故障:危及人身安全,行车安全,车辆不能行驶,主要零部件功能失效或引起整车其他相关主要零部件严重损坏	确认故障等级为: □致命故障 □严重故障 □一般故障 □轻微故障

续上表

步骤	操作方法及说明	质量标准及记录
2. 维修过程	(1) 驱动电机外观检查。 (2) 空转检查：使用专用工具连接转子输出轴，查看视听有无异常。 转动驱动电机转子时，避免手指、衣物、工具靠近电机转子附件，防止被卷入造成伤害。 (3) 检查电机气隙：使用宽度 10~15mm、长度 300~1000mm 的塞尺，将塞尺沿定子端盖上互隔 120°探测，将塞尺插入铁芯长度不小于 30mm，读取数据。 切面的1/6 绕组 定子 磁钢 气隙 转子 (4) 冷态绝缘电阻检测：将高压绝缘测试仪的挡位调至 1000V；用高压绝缘检测仪逐次测量三相线束连接器 1、2、3 号端子与电机壳体之间的电阻。 BV18电机控制器线束连接器	□目视检查驱动电机表面不应有锈蚀、碰伤、划痕 □目视检查驱动电机线圈涂覆层不应有剥落 □目视检查驱动电机紧固件连接牢固，接线端完整无损 □无定转子相擦或异响 □目视检查定子、转子无干涉 □塞尺要插入定子、转子铁芯表面，不可偏斜，不要插在槽楔上 □读取并记录数据，确认是否符合要求 □用高压绝缘检测仪测量三相线束连接器 1 号端子与电机壳体之间的电阻；标准值大于或等于 20MΩ 实测值：_____ □用高压绝缘检测仪测量三相线束连接器 2 号端子与电机壳体之间的电阻；标准值大于或等于 20MΩ 实测值：_____ □用高压绝缘检测仪测量三相线束连接器 3 号端子与电机壳体之间的电阻；标准值大于或等于 20MΩ 实测值：_____

项目五　新能源汽车动力系统维护与维修质量检验与评定

续上表

步骤	操作方法及说明	质量标准及记录
2. 维修过程	(5)绕组短路检查:使用专用量具进行绕组间的电阻测量。 　　造成相间短路的原因是相间绝缘尺寸不符合规定、绝缘垫本身有缺陷、层间垫条垫偏或嵌有时使其遭受损伤等。另外,绕组连接线或引出线套管绝缘损坏也会造成相间短路。电机过载、过电压、单相运行、导线绝缘材质不良等均会造成绕组匝间短路	□检查 U-V 之间线圈电阻值: 实测值:＿＿＿＿ □检查 V-W 之间线圈电阻值: 实测值:＿＿＿＿ □检查 U-W 之间线圈电阻值: 实测值:＿＿＿＿ □查阅维修手册,对照标准值判定;参考值 BYDE5 驱动电机线圈电阻值(1.9±0.8)Ω
3. 维修竣工检验	(1)静态检测: 　　驱动电机系统维修竣工检验可参考(GB/T 18488.1)相关出厂检验项目实施,如对外观、冷却系统回路密封性能、驱动电机定子绕组冷态直流电阻、定子绕组对壳体的绝缘电阻、定子绕组对温度传感器的绝缘电阻、驱动电机控制器的绝缘电阻、安全接地等项目进行检查。 (2)路试检查: 　　车辆应起步正常,起步、加速平稳且无明显冲击,动力传输应无异响; 　　转向应轻便,无卡滞现象;行程制动过程中制动能量回收功能正常。 注意: 　　试车员必须获得驾驶资格、公司内部试车员资格认知方可进行路试作业	□复检外观是否正常 □复检冷却系统回路密封性能 □复检驱动电机定子绕组冷态直流电阻 □复检各项绝缘电阻 □复检安全接地 □检验结果正常 □检验结果异常,需返修

任务评价

新能源汽车动力系统维修质量检验与评定(三级)考核评分记录见表5-11。

新能源汽车动力系统维修质量检验与评定(三级)考核评分记录表　　　表5-11

类别	序号	项目	考核内容及要求	配分	评分标准 (各项配分扣完为止)	得分
专业知识 (30分)	1	新能源汽车动力系统的维修作业要求	正确描述国标对级电压等级划分标准	5	能回答问题,但回答不完整,按比例扣分;不能回答,扣5分	
			正确描述新能源汽车高压系统维修要求	5	能回答问题,但回答不完整,按比例扣分;不能回答,扣5分	
	2	新能源汽车动力系统的维修质量标准	正确描述动力蓄电池维修分级	10	能回答问题,但回答不完整,按比例扣分;不能回答,扣10分	
			正确描述动力蓄电池维修技术要求	10	能回答问题,但回答不完整,按比例扣分;不能回答,扣10分	

续上表

类别	序号	项目	考核内容及要求	配分	评分标准（各项配分扣完为止）	得分
操作技能(70分)	1	劳保用品穿戴	劳保用品穿戴齐全	5	穿戴不全，不得分	
	2	正确选用工具、设备、材料	选用工具、设备、材料齐全准确	5	缺一件扣1分，选错一件扣1分	
	3	准备	准备工作齐全	5	准备不充分一次扣2.5分	
	4	质量检验与评估	动力蓄电池总成维修质量检验	20	每项目方法错误，扣5分；未完成，扣5分	
			驱动电机系统总成维修质量检验	20	每项目方法错误，扣5分；未完成，扣5分	
	5	正确使用工具、设备、材料	工具、设备使用正确	10	一种工具、设备、材料使用不正确，扣2分	
					损坏、丢失一件工具，不得分	
	6	清理现场	清理并回收工具和设备	5	少收一件工具、设备，扣1分	
	分数总计			100	最终得分	

考核员签字：_____　　　　　　　　　　　日期：_____年____月____日

项目六 汽车底盘维修质量检验与评定

项目描述

汽车底盘维修作业是汽车维修的重要内容,汽车维修过程中,需要对汽车底盘各系统总成进行相关检测、拆解、调整或更换,达到维修竣工的技术标准后才能交付使用。

本项目通过对汽车底盘维修质量检验技术标准、流程与方法进行讲解,使学员掌握汽车底盘维修质量检验与评定相关专业知识和操作要点。

其中,任务 1 对应汽车维修检验工四级职业能力,任务 2 对应汽车维修检验工三级职业能力。

任务 1 汽车底盘维修质量检验与评定(四级)

▶ 建议学时:6 学时

一、知识要求

1. 能叙述汽车底盘系统的作用和组成。
2. 能叙述传动系统检修内容和技术要求。
3. 能叙述行驶系统检修内容和技术要求。
4. 能叙述转向系统检修内容和技术要求。
5. 能叙述制动系统检修内容和技术要求。

二、技能要求

1. 能检验与评定汽车底盘传动系统的维修质量。
2. 能检验与评定汽车底盘行驶系统的维修质量。
3. 能检验与评定汽车底盘转向系统的维修质量。
4. 能检验与评定汽车底盘制动系统的维修质量。

一、底盘的总体结构基础知识

汽车底盘作为汽车重要的系统之一,主要由传动系统、行驶系统、转向系统和制动系统组成。

1. 传动系统

(1)传动系统的作用是将发动机输出的动力传递给车轮。

(2)传动系统由离合器、变速器、传动轴、万向传动装置、驱动桥等组成。

2. 行驶系统

(1)行驶系统的主要作用是保证车辆能在各种路面条件下都能正常行驶。

(2)行驶系统由车架、车桥、悬架和车轮等组成。

3. 转向系统

(1)转向系统根据驾驶人的要求改变汽车行驶方向。

(2)转向系统由转向操纵机构、转向器和转向传动机构组成。

4. 制动系统

(1)制动系统的主要作用是根据驾驶人的要求进行减速或停车,在汽车停止状态下,能够稳定驻车。

(2)制动系统主要由制动操纵机构和制动器等组成。

二、传动系统的维修作业内容及知识技术要求

传动系统维修作业内容主要包括离合器总成的拆解与安装、手动变速器总成的拆解与安装、万向传动装置的拆解与安装、齿轮减速与差速装置的拆解与安装,相关知识要求和技术要求见表6-1。

传动系统的维修作业相关要求　　　　表6-1

工作内容	相关知识要求	相关技术要求
1. 离合器总成的拆解与安装	(1)熟悉离合器的工作原理; (2)离合器的就车拆解安装; (3)离合器总成零件的拆解安装; (4)对离合器压盘及摩擦片进行基础检查; (5)能够规范合理使用工具	离合器总成维修竣工后,应结合平稳、分离彻底、无异响、抖动和打滑现象;离合器踏板符合原厂技术规定,工作状态良好
2. 手动变速器总成的拆解与安装	(1)熟悉手动变速器的工作原理; (2)手动变速器的就车拆解与安装; (3)变速器换挡操作机构、换挡执行机构的拆解与安装; (4)能够排放变速器油; (5)拆解并更换变速器各挡齿轮; (6)规范合理使用工具	手动变速器总成维修竣工后,应无漏油,互锁自锁装置可靠有效,挂挡平顺,操作机构工作无异响
3. 万向传动装置的拆解与安装	(1)熟悉万向传动装置的种类和工作原理; (2)能够对传动轴进行就车拆解; (3)检查万向节和传动轴的工作状况; (4)检查中间轴承间隙符合原厂规定	万向传动装置总成维修竣工后,传动轴及中间轴承应正常工作,无松旷、抖动、异响及过热现象
4. 齿轮减速与差速装置的拆解与安装	(1)熟悉主减速器与差速器的工作原理; (2)就车拆解和安装主减速器及半轴; (3)能够拆解和安装主减速器零件和差速器零件; (4)对主减速器主动锥齿轮,从动齿轮及差速器的半轴齿轮、行星齿轮进行检查	主减速器、差速器和轮边转速器应正常工作,无异响,正常工况下不过热

三、行驶系统维修作业内容及知识技术要求

行驶系统维修作业内容主要包括车轮定位及检查、车轮动平衡检查、轮胎的更换,相关知识要求和技术要求见表6-2。

行驶系统维修作业相关要求 表6-2

工作内容	相关知识要求	相关技术要求
1. 车轮定位及检查	(1)理解车轮定位的基本参数及定位原理; (2)明确四轮定位仪的使用要求和步骤; (3)使用定位仪对车轮进行定位检并调整定位参数	车轮总成的横向摆动量和径向跳动量应符合《机动车运行安全技术条件》(GB 7258)中有关条款的要求
2. 车轮动平衡检查	(1)能够理解车轮不平衡的危害及影响; (2)熟悉轮胎就车拆解的要求; (3)能正确使用轮胎动平衡仪	最大设计速度不小于100km/h的汽车,车轮应进行动平衡试验,其动不平衡质量应不大于10g
3. 轮胎的更换	(1)能熟悉轮胎的规格型号和适用范围; (2)能够熟悉轮胎的就车拆解的要求; (3)正确使用轮胎更换设备	轮胎胎冠上的花纹深度应符合《机动车运行安全技术条件》(GB 7258)中有关条款的要求;同轴上装用的轮胎型号、品种、花纹应一致;汽车转向轮不得装用翻新轮胎;轮胎气压应符合原设计规定

四、转向系统维修作业内容及知识技术要求

转向系统维修作业内容主要包括转向器的更换、液压助力转向系统更换、电动助力转向系统更换、转向传动机构的更换,相关知识要求和技术要求见表6-3。

转向系统维修作业相关要求 表6-3

工作内容	相关知识要求	相关技术要求
1. 转向器的更换	(1)熟悉不同类型的转向器的结构和工作原理; (2)能够检查转向器的工作状况; (3)能够对转向器进行更换,校紧各部分螺栓	转向器总成更换,完成后应无漏油、松旷,与转向机构配合良好
2. 液压助力转向系统更换	(1)熟悉不同类型的液压助力转向系统的工作原理; (2)能够对液压助力转向系统进行更换; (3)能检查液压助力转向系统工作状况	液压助力转向系统更换完成后,应无漏油、松旷,系统工作状态良好
3. 电动助力转向系统更换	(1)熟悉不同类型的电动助力转向系统的工作原理; (2)能够对电动助力转向系统进行更换; (3)能够检查电动助力转向系统工作状况	电动助力转向系统更换完成后,应无松旷,转向力矩符合《机动车运行安全技术条件》(GB 7258)中有关条款的要求
4. 转向传动机构的更换	(1)熟悉转向传动机构的基本组成和工作原理; (2)检查转向传动机构的工作状况; (3)对转向传动机构进行更换	转向传动机构的更换完成后,转向节上下球销不松旷;转向节与衬套的配合,轴颈与轴承的配合,轴承预紧度调整符合原制造厂维修技术要求,无异响,正常工况下不发热

五、制动系统的维修作业内容及知识技术要求

制动系统的维修作业内容主要包括制动主缸的更换、真空助力器的更换、制动器的更换、驻车制动装置拆装,相关知识要求和技术要求见表6-4。

制动系统的维修作业相关要求　　　　表6-4

工作内容	相关知识要求	相关技术要求
1. 制动主缸的更换	(1)熟悉制动主缸的基本结构和工作原理; (2)能对制动主缸进行功能性检查; (3)能对制动管路进行泄漏情况检查; (4)能够对制动主缸进行更换; (5)能够对制动管路进行排空作业	制动器主缸更换完成后,应无漏油、松旷;管路内无空气;主缸工作技术指标符合原厂要求
2. 真空助力器的更换	(1)熟悉真空助力器的基本结构和工作原理; (2)能够对真空助力器进行功能性检查; (3)能够对真空助力器进行总成更换并检查其密封性	真空助力器更换完成后,应气密性良好,制动踏板行程符合原厂技术要求
3. 制动器的更换	(1)熟悉制动器的不同类型和基本结构; (2)能够对盘式(鼓式)制动器进行更换; (3)能够对制动系统进行排空作业	制动器更换完成后,制动管路无空气,制动力大小应符合原厂技术要求
4. 驻车制动装置拆装	(1)熟悉驻车制动的基本类型、结构和工作原理; (2)能够对驻车制动装置进行拆装和更换作业; (3)能够对驻车制动装置的零部件包括把手、拉锁、棘轮,电子驻车制动装置的控制电动机等进行检查	驻车制动装置总成维修竣工后,驻车制动杆定位正常,驻车制动效能和行程符合原厂技术要求

一、实训资源

(1)实训场地:汽车底盘实训场1个。
(2)实训设备:轿车1辆。
(3)工具耗材与设备:汽车底盘拆装工具1套,专用工具1套,汽车底盘检测相关设备。

二、安全注意事项

(1)操作人员应穿着工作服和工作鞋等劳动防护用品。
(2)使用电动设备,应严格按照其额定电压、频率提供电源。
(3)使用气动设备,应严格按照其额定气压、气路规范使用。

三、操作过程

(一)传动系统的维修质量检验

1. 离合器总成的维修质量检验

离合器总成的维修质量检验工作内容包括离合器踏板的自由行程检查、离合器及附件

的检查、离合器的接合试验、离合器的分离试验、离合器的异响检查,相关操作方法及说明见表6-5。

离合器总成的维修质量检验操作方法及说明　　　　　　　　　　　　表6-5

步骤	操作方法及说明	质量标准及记录
1. 离合器踏板的自由行程检查	用钢直尺测量踏板的自由行程	□离合器自由行程范围应在15~25mm之间 标准值:_____ 测量值:_____
2. 离合器及附件的检查	(1)用钢直尺测量周布弹簧式离合器弹簧长度;	□周布弹簧式离合器,压力弹簧无变形、断裂,同一组弹簧自由长度差不超过2mm,压力差不超过39N 弹簧长度标准值:_____ 测量值:_____ 弹簧压力标准值:_____ 测量值:_____
	(2)用游标卡尺测量膜片式离合器分离指磨损情况;	□膜片式离合器,膜片弹簧无变形断裂,分离指磨损深度小于0.3mm 分离指深度标准值:_____ 测量值:_____
	(3)目视检查摩擦片,游标卡尺测量铆钉深度;	□摩擦片无断裂,铆钉无松动、铆钉头低于摩擦片表面不少于1.0mm 铆钉深度标准值:_____ 测量值:_____
	(4)用间隙规测量摩擦片键槽与输入轴的间隙;	□摩擦片键槽与输入轴的间隙符合要求 间隙情况标准值:_____ 测量值:_____
	(5)百分表测量压盘工作面磨损情况;	□压盘工作面磨损应不超过0.5mm,平面度磨损应不超过0.12mm 压盘工作面标准值:_____ 测量值:_____
	(6)目视检查离合器压盘;	□压盘应无裂纹及明显沟槽,作用良好,分离彻底,接合平稳
	(7)目视检查分离轴承工作情况; (8)游标卡尺测量离合器分离轴承拨叉端面磨损量	□分离轴承转动灵活、无卡滞异响 □离合器分离轴承拨叉端面磨损不超过1.5mm
3. 离合器的接合试验	起动车辆,挂空挡松开离合器踏板,检查离合器接合情况	□离合器摩擦片结合应平稳,无打滑、发跳现象
4. 离合器的分离试验	起动车辆,挂空挡踩下离合器踏板,检查离合器分离情况	□离合器分离应彻底,无拖滞、卡死现象
5. 离合器的异响检查	(1)发动机不起动状态下,踩下或抬起离合器踏板; (2)发动机在起动状态下,踩下和抬起离合器踏板; (3)发动机在起动状态下,听摩擦片工作状态	□发动机不起动状态下,离合器踏板在踩下和抬起时,分离轴承无异响 □发动机在起动状态下,离合器踏板在踩下和抬起时,分离轴承无异响 □发动机在起动状态下,摩擦片无异响

2. 手动变速器总成的维修质量检验

手动变速器总成的维修质量检验工作内容包括手动变速器及附件检查、手动变速器挂挡检查、手动变速器漏油检查、手动变速器异响检查，相关操作方法及说明见表6-6。

手动变速器总成的维修质量检验操作方法及说明　　　　表6-6

步骤	操作方法及说明	质量标准及记录
1. 手动变速器及附件检查	（1）变速器齿轮的检查： ①拆下变速器各换挡齿轮，观察齿轮工作表面是否有小斑点； ②用百分表测量齿轮表面磨损情况； ③将主动齿轮与从动齿轮啮合，用间隙规测量间隙。 （2）变速器轴的检查： ①检查输出轴内座圈； ②用游标卡尺测量输出轴凸缘厚度； ③用百分表测量轴的径向跳动。 （3）同步器的检查： ①目视检查同步器外观； ②同步环贴在极其平滑的表面（如平板、玻璃）进行扭曲检查	（1）变速器齿轮的检查： □斑点面积应不超过20%~25% □齿轮表面磨损平面应不大于0.25mm 齿轮表面磨损量标准值：＿＿＿＿＿ 测量值：＿＿＿＿＿ □间隙不应超过0.5mm，长度方向磨损不应超过全尺30% 齿间啮合间隙标准值：＿＿＿＿＿ 测量值：＿＿＿＿＿ （2）变速器轴的检查 □座圈应无磨损、裂纹 □凸缘应符合标准 凸缘厚度标准值：＿＿＿＿＿ 测量值：＿＿＿＿＿ □轴径向跳动量不超过0.07mm 轴径向跳动量标准值：＿＿＿＿＿ 测量值：＿＿＿＿＿ （3）同步器的检查 □同步器外观，无磨损变形 □转动同步器锁环，锁环无变形，结合良好 □同步环应无翘曲或扭曲
2. 手动变速器挂挡检查	手动变速器在不同挡位，检查挂挡情况	□应挂挡平顺，无跳挡、乱挡和错挡现象
3. 手动变速器漏油检查	举升车辆，检查安装后变速器应无漏油现象	□应无漏油现象
4. 手动变速器异响检查	（1）发动机怠速运转，变速器处于空挡位置，检查变速器异响情况； （2）汽车以40km/h以上的速度行驶，变速器挂挡，检查变速器异响情况	□变速器怠速状态下应无异响 □变速器行驶状态下挂挡后应无异响

3. 万向传动装置的维修质量检验

万向传动装置的维修质量检验工作内容包括传动轴的弯曲度检查、十字轴万向节的检查、万向节松旷检查，相关操作方法及说明见表6-7。

万向传动装置的维修质量检验操作方法及说明　　　　表6-7

步骤	操作方法及说明	质量标准及记录
1. 传动轴的弯曲度检查	（1）目视检查传动轴外观； （2）用V形块支撑起传动轴，转动传动轴，百分表在轴的中部位置测量径向跳动量	□传动轴无严重弯曲、凹陷、裂纹 □径向跳动量不应超过0.1mm 径向跳动量标准值：＿＿＿＿＿ 测量值：＿＿＿＿＿

续上表

步骤	操作方法及说明	质量标准及记录
2. 十字轴万向节的检查	(1)目视检查十字轴万向节差和十字轴； (2)目视检查十字轴颈表面是否有沟槽或压痕； (3)用间隙规检查十字轴与轴承的配合情况； (4)检查十字轴及轴承装入万向节叉后的轴向间隙	□十字轴万向节差和十字轴,应无裂纹 □沟槽或压痕深度应小于0.1mm □最大配合间隙应符合原厂规定 配合间隙标准值：＿＿＿＿ 测量值：＿＿＿＿ □轴向间隙范围应在0～0.05mm之间 轴向间隙标准值：＿＿＿＿ 测量值：＿＿＿＿
3. 万向节松旷检查	(1)用铁锤敲击各万向节凸缘的连接处,检查凸缘松旷情况； (2)双手分别握住万向节的主、从动部分转动,检查游隙	□应无松旷 □检查游隙应符合要求

4. 齿轮减速与差速装置的维修质量检验

齿轮减速与差速装置的维修质量检验工作内容包括主减速器壳的检查、主减速器锥齿轮副的检查、差速器的检查,相关操作方法及说明见表6-8。

齿轮减速与差速装置的维修质量检验操作方法及说明　　　　表6-8

步骤	操作方法及说明	质量标准及记录
1. 主减速器壳的检查	(1)目视检查主减速器外壳； (2)目视检查主减速器装配孔； (3)检查差速器左、右轴承承孔同轴度	□主减速器壳体应无裂纹变形 □观察主减速器装配孔,各部位螺纹孔的损伤不得超过2牙 □差速器左、右轴承承孔同轴度误差不得超过0.1mm
2. 主减速器锥齿轮副的检查	(1)目视检查锥齿轮副工作表面； (2)用百分表测量主动锥齿轮端面的径向圆跳动量	□应无明显斑点、剥落、缺损、阶梯磨损 □主端面的径向圆跳动误差不超过0.05mm
3. 差速器的检查	(1)目视检查差速器外壳； (2)目视检查行星齿轮、半轴齿轮工作表面	□检查差速器外壳,应无裂纹 □工作表面无明显斑点、剥落

(二)行驶系统的维修质量检验

1. 车轮定位及维修质量检验

车轮定位及维修质量检验工作内容包括定位前的基本检查、车辆定位及调整、车辆定位后的道路测试,相关操作方法及说明见表6-9。

行驶系统的维修质量检验操作方法及说明　　　　表6-9

步骤	操作方法及说明	质量标准及记录
1. 定位前的基本检查	(1)目视检查轮胎型号规格、外观、胎压表检查轮胎胎压； (2)检查轮毂轴承、下摆臂衬套横拉杆球头、转向节主销	□轮胎各项指标符合原厂规定 □各部件无松旷、无缺失、脱落

续上表

步骤	操作方法及说明	质量标准及记录
2. 车辆定位及调整	(1)规范使用定位仪对车辆进行车轮定位; (2)对车辆进行定位后的参数进行调整	□车辆定位数据准确,符合原厂技术要求 □调整参数符合厂家规定
3. 车辆定位后的道路测试	(1)车辆在道路上行驶,保持转向盘居中,行驶30~50m,检查车辆跑偏情况; (2)车辆在道路上低速行驶,轻打转向盘,检查方向指引性	□车辆应无跑偏 □低速行驶过程中,方向感指引应清晰、准确

2. 车轮动平衡及维修质量检验

车轮动平衡及维修质量检验工作内容包括动平衡前的基本检查、车轮的动平衡、车轮动平衡后的道路测试,相关操作方法及说明见表6-10。

车轮动平衡及维修质量检验操作方法及说明　　表6-10

步骤	操作方法及说明	质量标准及记录
1. 动平衡前的基本检查	(1)目视检查车轮轮辋及轮胎表面异物情况; (2)目视检查轮胎胎面损伤情况; (3)胎压表检查轮胎气压; (4)选用合理的锥块	□轮辋及轮胎表面应干净无异物,旧平衡块应拆除 □轮胎胎面无明显损伤及鼓包变形 □轮胎胎压应符合厂家规定 □锥块型号与所测轮胎轮毂一致
2. 车轮的动平衡	(1)规范使用动平衡仪对车辆进行动平衡测试; (2)车辆动平衡测试调整后,应检查调整	□车辆动平衡数据准确 □车辆应无明显晃动,径向运动平面范围符合原厂规定
3. 车轮动平衡后的道路测试	(1)车辆动平衡完成后,对车轮行驶情况进行检查; (2)车辆动平衡完成后,对转向盘控制情况进行检查	□车辆在道路上行驶,车辆行驶平稳,轮胎应无出现异常磨损 □车辆在道路上行驶平稳,方向感准确

3. 轮胎的更换及维修质量检验

轮胎的更换及维修质量检验工作内容包括轮胎更换前的基本检查、轮胎的拆卸和安装、轮胎的充气测试,相关操作方法及说明见表6-11。

轮胎的更换及维修质量检验操作方法及说明　　表6-11

步骤	操作方法及说明	质量标准及记录
1. 轮胎更换前的基本检查	(1)目视检查新换轮胎规格型号; (2)目视检查轮辋外观	□新换轮胎规格型号应与原轮胎一致 □轮辋无明显变形和异物
2. 轮胎拆卸和安装	使用轮胎拆卸工具进行轮胎拆卸和安装	□规范使用轮胎拆装设备对轮胎进行拆卸和安装
3. 轮胎的充气测试	根据标准胎压对轮胎进行充气测试	□胎唇边缘、气嘴部位应无漏气

(三)转向系统的维修质量检验

1. 转向器的维修质量检验

转向器的维修质量检验工作内容包括转向器的安装检查、转向器的漏油检查,相关操作方法及说明见表6-12。

转向器的维修质量检验操作方法及说明　　　　　　表6-12

步骤	操作方法及说明	质量标准及记录
1.转向器的安装检查	(1)目视检查转向器安装情况; (2)目视检查转向系统附件工作情况	□新安装转向器应固定牢靠,转向器工作正常 □转向横拉杆、球头固定牢靠,开口销无缺失
2.转向器的漏油检查	举升车辆,检查转向器是否漏油	□转向器应无漏油

2. 转向传动机构的维修质量检验

转向传动机构的维修质量检验工作内容包括转向球头的检查、转向拉杆的检查,相关操作方法及说明见表6-13。

转向传动机构的维修质量检验操作方法及说明　　　　　　表6-13

步骤	操作方法及说明	质量标准及记录
1.转向球头的检查	(1)目视检查球头螺母; (2)目视检查转向球头外橡胶防尘套; (3)摇动球头,检查松旷情况	□转向球头螺母无松动、开口销无缺失 □转向球头外橡胶防尘罩无漏油 □球头无松旷
2.转向拉杆的检查	(1)目视检查拉杆外观; (2)摇动检查松动情况	□拉杆无变形,无撞击痕迹 □拉杆无松旷现象

3. 转向操纵机构的维修质量检验

转向操纵机构的维修质量检验工作内容包括转向盘的转向力检测、转向盘的自由转动量检测、转向盘的对中和自动回位检测,相关操作方法及说明见表6-14。

转向操纵机构的维修质量检验操作方法及说明　　　　　　表6-14

步骤	操作方法及说明	质量标准及记录
1.转向盘的转向力检测	(1)运用转向盘转向力测试仪检查转向盘的道路转向力; (2)运用转向盘转向力测试仪检查转向盘的原地转向力	□根据《机动车运行安全技术条件》(GB 7258)的方法,检测标准为转向盘的最大转向力应小于或等于245N 道路转向力标准值:＿＿＿＿ 测量值:＿＿＿＿ □根据《营运车辆综合性能要求和检验方法》(GB 18565)的方法,检测标准为转向盘的最大转向力应小于或等于120N 原地转向力标准值:＿＿＿＿ 测量值:＿＿＿＿

续上表

步骤	操作方法及说明	质量标准及记录
2. 转向盘的自由转动量检测	测量转向盘最大自由转动量	□根据《机动车运行安全技术条件》(GB 7258)规定,机动车转向盘的最大自由转动量从中间位置向左或向右均不大于10°(设计速度大于或等于100km/h)或15°(设计速度小于100km/h)。 最大自由转动量标准值：＿＿＿＿ 测量值：＿＿＿＿
3. 转向盘地对中和自动回位检测	检查转向盘对中和自动回位功能	□转向盘对中情况应符合原厂技术规范 □转向盘应能自动回转70°以上

(四) 制动系统的维修质量检验

1. 制动系统整体维修质量检验

制动系统整体维修质量检验工作内容包括制动系统台式检测、制动系统的道路检测,相关操作方法及说明见表6-15。

制动系统整体维修质量检验操作方法及说明　　　　　　　　表6-15

步骤	操作方法及说明	质量标准及记录
1. 制动系统台式检测	(1)制动系统台式检测制动力综合与整车质量百分比; (2)制动系统台式检测轴制动力与轴荷百分比; (3)制动系统台式检测汽车制动的协调时间; (4)检测车轮黏滞阻力	□制动力综合与整车质量的百分比中,乘用车空载状态≥60%,满载状态≥50% □轴制动力与轴荷的百分比中,乘用车前轴≥60%,后轴≥60% □汽车制动的协调时间:液压制动的汽车不应大于0.35s,气压制动的汽车不应大于0.60s □汽车车轮阻滞力进行制动力检验时,各车轮的阻滞力均不应大于车轮所在轴轴荷的8%
2. 制动系统的道路检测	车辆上道路驾驶,检测车轮制动距离	□车辆制动距离应符合原厂技术要求

2. 制动主缸更换的维修质量检验

制动主缸更换的维修质量检验工作内容包括制动主缸安装检查、制动主缸的漏油检查,相关操作方法及说明见表6-16。

制动主缸更换的维修质量检验操作方法及说明　　　　　　　　表6-16

步骤	操作方法及说明	质量标准及记录
1. 制动主缸安装检查	(1)目视检查制动主缸安装主体; (2)目视检查制动主缸管路连接情况	□制动主缸主体应无松动 □制动主缸管路连接应牢靠
2. 制动主缸的漏油检查	(1)目视检查制动液储液罐制动液液位; (2)目视检查制动管路连接情况	□液位应在正常范围 □制动管路应无漏油现象

3. 真空助力器的维修质量检验

真空助力器的维修质量检验工作内容包括真空助力器的就车检查、真空助力器的功能试验,相关操作方法及说明见表 6-17。

真空助力器的维修质量检验操作方法及说明　　　　表 6-17

步骤	操作方法及说明	质量标准及记录
1. 真空助力器的就车检查	(1) 试验 1:发动机熄火后,踩下几次制动踏板,消除真空助力器原有真空,再踩下制动踏板(处于工作行程范围),起动发动机,检查制动踏板状态; (2) 试验 2:发动机运转后熄火,用同样的力踩下踏板数次,检查踏板剩余高度; (3) 试验 3:在发动机运转时,踩下制动踏板不动,待发动机熄火后检查踏板高度	□踏板应能向下移动,向下移动距离应符合原厂技术要求 踏板向下移动距离标准值:＿＿＿＿ 测量值:＿＿＿＿ □踏板的剩余高度应一次比一次升高,最终高度应符合原厂要求 制动踏板高度标准值:＿＿＿＿ 测量值:＿＿＿＿ □30s 内,制动踏板高度应不允许下降
2. 真空助力器的功能试验	(1) 踏板行程试验:在有负压或无负压的情况下,比较制动踏板高度; (2) 漏气试验:拔下助力器进气软管,用棉线、绒毛等轻纤维接近进气口,注意纤维飘动情况	□有负压时行程大,无负压时行程小,说明助力器有效,如无变化,说明助力器不起作用 □如不产生吸引现象,说明助力器工作正常;如产生吸引现象,则说明控制装置上的空气阀有泄漏,应更换

4. 制动器的更换维修质量检验

制动器的更换维修质量检验工作内容包括制动器的安装情况检查、制动器制动力的台架测试,相关操作方法及说明见表 6-18。

制动器的更换维修质量检验制动方法及说明　　　　表 6-18

步骤	操作方法及说明	质量标准及记录
1. 制动器的安装情况检查	(1) 目视检查制动器安装状态; (2) 目视检查制动管路安装情况; (3) 检查制动器排空气孔; (4) 钢直尺检查制动摩擦片厚度	□制动器稳固无松动 □制动管路应无漏油、松动 □制动排空气孔应无脏堵 □制动摩擦片厚度应达到要求 标准值:＿＿＿＿ 测量值:＿＿＿＿
2. 制动器制动力的台架测试	(1) 制动力平衡测试:在制动力增长全过程中,同时测得左、右轮制动差的最大值,与全过程中测得的该轴左、右轮最大制动力中大者之比; (2) 制动力平衡测试:当后轴制动力小于该轴轴荷的 60% 时,在制动力增长全过程中同时测得的左、右轮制动力差的最大值; (3) 汽车制动释放时间:从松开制动踏板到制动消除所需时间	□对于前轴应不大于 20%;对后轴,在轴制动力不小于该轴轴荷的 60% 时,应不大于 24% □最大值不应大于该轴轴荷的 8% □汽车制动释放时间应不大于 0.80s

5. 驻车制动装置的维修质量检验

驻车制动装置的维修质量检验工作内容包括驻车制动器操纵杆的定位检查、驻车制动器操纵杆行程检查、驻车制动系统的效能检查,相关操作方法及说明见表 6-19。

驻车制动装置的维修质量检验操作方法及说明　　　表 6-19

步骤	操作方法及说明	质量标准及记录
1. 驻车制动器操纵杆的定位检查	(1)拉起驻车制动器操纵杆,检查驻车制动器操纵杆拉起情况; (2)拉起驻车制动器操纵杆,检查定位情况	□拉杆拉起过程中应声响清脆,有一定阻力 □手松开后,拉杆应能定位在拉起后的位置
2. 驻车制动杆的行程检查	(1)拉起驻车制动器操纵杆,检查响声; (2)放松驻车制动器操纵杆检查异响情况	□驻车制动器操纵杆从极限位置往上拉,应只有 2 响的行程,第 3 响开始有制动感觉,第 5 响应能在规定的坡道停住 □放松驻车制动器操纵杆时,应听不到摩擦声
3. 驻车制动系统的效能检查	(1)检查驻车制动装置安装情况; (2)检查驻车制动系统机械装置; (3)检查驻车制动系统坡道驻车情况	□驻车制动装置安装位置要适当,驻车制动器操纵杆必须有一定的储备行程,一般应在驻车制动器操纵杆全行程 3/4 以内产生最大的制动效能 □必须能通过机械装置把工作部件锁住,手操纵时,乘用车不应大于 400N;脚操纵时,并施加于操纵杆上的力应不大于 500N □空载状态下,驻车制动装置应能保证机动车在坡度为 20%(总质量为整备质量的 1.2 倍以下则为 15%),轮胎与路面附着系数不小于 0.7 的坡道上正、反两个方向保持固定不动,时间不少于 5min

任务评价

汽车底盘维修质量检验与评定(四级)考核评分记录见表 6-20 。

汽车底盘维修质量检验与评定(四级)考核评分记录表　　　表 6-20

类别	序号	项目	考核内容及要求	配分	评分标准 (各项配分扣完为止)	得分
专业知识 (20分)	1	汽车底盘系统的基本组成	正确列举汽车底盘各系统的基本组成	4	能回答问题,但回答不完整,按比例扣分;不能回答,扣4分	
	2	传动系统检查	正确说出传动系统各部件组成及工作原理	4	能回答问题,但回答不完整,按比例扣分;不能回答,扣4分	
		行驶系统检查	正确说出行驶系统各部件组成及工作原理	4	能回答问题,但回答不完整,按比例扣分;不能回答,扣4分	
		转向系统检查	正确说出转向系统各部件组成及工作原理	4	能回答问题,但回答不完整,按比例扣分;不能回答,扣4分	
		制动系统检查	正确说出制动系统各部件组成及工作原理	4	能回答问题,但回答不完整,按比例扣分;不能回答,扣4分	

项目六 汽车底盘维修质量检验与评定

续上表

类别	序号	项目	考核内容及要求	配分	评分标准 (各项配分扣完为止)	得分
操作技能 (80分)	1	安全防护	个人防护到位	3	穿戴不全,不得分	
			车辆防护到位	2	防护不全,不得分	
	2	工具、设备、材料的准备	工具、设备、材料准备齐全准确	2	缺一件,扣1分;选错一件,扣1分,扣完为止	
	3	传动系统的质量检查	正确检查传动系统各部件质量状况	15	项目少一个,扣2分;方法错误,扣2分;未完成,扣5分	
		行驶系统的质量检查	正确检查行驶系统各部件质量状况	15	项目少一个,扣2分;方法错误,扣2分;未完成,扣5分	
		转向系统的质量检查	正确检查转向系统各部件质量状况	15	项目少一个,扣2分;方法错误,扣2分;未完成,扣5分	
		制动系统的质量检查	正确检查制动系统各部件质量状况	15	项目少一个,扣2分;方法错误,扣2分;未完成,扣5分	
	4	正确使用工具、设备、材料	工具、设备使用正确	5	一种工具、设备、材料使用不正确,扣2分	
					损坏、丢失一件工具,不得分	
	5	操作规程	操作规程执行情况	5	违反操作规程,不得分	
	6	清理现场	清理并回收工具和设备	3	少收一件工具、设备,扣1分,扣完为止	
		分数总计		100	最终得分	

考核员签字:_____   日期:_____年___月___日

任务2　汽车底盘维修质量检验与评定(三级)

▶ 建议学时:6学时

考核要求

一、知识要求

1. 能叙述汽车底盘系统总成的检修知识要求。
2. 能叙述传动系统单个故障诊断排除的检修内容和技术要求。
3. 能叙述行驶系统单个故障诊断排除的检修内容和技术要求。
4. 能叙述转向系统单个故障诊断排除的检修内容和技术要求。
5. 能叙述制动系统单个故障诊断排除的检修内容和技术要求。

二、技能要求

1. 能准确检验传动系统故障诊断排除的维修质量。
2. 能准确检验行驶系统故障诊断排除的维修质量。
3. 能准确检验转向系统故障诊断排除的维修质量。
4. 能准确检验制动系统故障诊断排除的维修质量。

任务准备

汽车维修质量检验,要求从业人员能够根据汽车维修内容进行过程性的复检工作,对复检工作中发现的维修问题进行有效的修复和整改,主要包括下面几个部分。

一、底盘总成检修作业内容及知识技术要求

底盘总成检修作业内容主要包括离合器总成检修、手动变速器总成检修、万向传动装置检修、主减速器和差速器检修、转向器总成检修,相关知识要求和技术要求见表6-21。

底盘总成检修作业相关要求　　　　表6-21

工作内容	相关知识要求	相关技术要求
1. 离合器总成检修	(1)熟悉离合器的工作原理; (2)离合器总成零件的拆解安装; (3)能够检查测量离合器膜片弹簧及压盘; (4)能够检查测量离合器摩擦片外观及厚度; (5)能够规范合理使用工具	离合器总成维修竣工后,应结合平稳、分离彻底、无异响、抖动和打滑现象;离合器踏板符合原厂技术规定,工作状态良好
2. 手动变速器总成检修	(1)熟悉手动变速器的工作原理; (2)换挡机构的拆解与安装检查; (3)拆解并测量变速器各挡齿轮; (4)变速器各轴承止推间隙测量; (5)变速器径向跳动量的测量	手动变速器总成维修竣工后,应无漏油,互锁自锁装置可靠有效,挂挡平顺,操作机构工作无异响
3. 万向传动装置检修	(1)熟悉万向传动装置的种类和工作原理; (2)测量传动轴的弯曲度; (3)检查万向节的松旷情况; (4)检查万向节的润滑情况; (5)能够规范合理使用工具	万向传动装置总成维修竣工后,传动轴及中间轴承应正常工作,无松旷、抖动、异响及过热现象
4. 主减速器和差速器检修	(1)熟悉主减速器与差速器工作原理; (2)拆解并测量主减速器啮合情况; (3)拆解并测量差速器啮合情况; (4)主减速器从动齿轮更换; (5)能够规范合理使用工具	主减速器、差速器和轮边转速器应正常工作,无异响,正常工况下不过热
5. 转向器总成检修	(1)熟悉不同类型的转向器的结构和工作原理; (2)能够拆解并检测转向器的工作状况; (3)能够规范合理地使用工具	转向器总成维修竣工后,应能转向平稳,无漏油、松旷;转向力矩符合《机动车运行安全技术条件》(GB 7258)中有关条款的要求

二、传动系统单个故障诊断排除作业内容及知识技术要求

传动系统单个故障诊断排除作业内容主要包括离合器故障诊断排除、手动变速器故障诊断排除、自动变速器技术状况测试、万向传动装置故障诊断排除、主减速器和差速器故障诊断排除，相关知识要求和技术要求见表6-22。

传动系统单个故障诊断排除作业相关要求　　　　　　表6-22

工作内容	相关知识要求	相关技术要求
1. 离合器故障诊断排除	（1）离合器踏板沉重故障诊断排除； （2）离合器异响故障诊断排除； （3）离合器分离不良故障诊断排除； （4）离合器打滑故障诊断排除	离合器故障排除后，离合器应结合平稳，分离彻底；工作中无异响、抖动、打滑现象；踏板自由行程符合车型技术要求
2. 手动变速器故障诊断排除	（1）手动变速器换挡困难故障诊断排除； （2）手动变速器跳挡故障诊断排除； （3）手动变速器乱挡故障诊断排除； （4）手动变速器卡挡故障诊断排除； （5）手动变速器漏油故障诊断排除	手动变速器故障排除后，应换挡平顺，挡位挂入清晰；互锁、自锁、倒挡锁装置应有效；无跳挡、乱挡、卡挡漏油等现象
3. 自动变速器技术状况测试	（1）自动变速器油液的检查； （2）自动变速器手动换挡试验； （3）自动变速器失速试验； （4）自动变速器迟滞试验； （5）自动变速器道路试验	自动变速器维修竣工后，各项技术状况应符合厂家技术要求；各类控制开关功能正常；失速试验和迟滞试验符合《机动车运行安全技术条件》（GB 7258）中相关技术规定
4. 万向传动装置故障诊断排除	（1）传动轴振动故障诊断排除； （2）万向节松旷故障诊断排除； （3）中间支承松旷故障诊断排除； （4）传动轴异响故障诊断排除	万向传动装置故障排除后，工作时应无松旷、异响情况；跳动量范围符合厂家技术规范
5. 主减速器和差速器故障诊断排除	（1）主减速器漏油故障诊断排除； （2）主减速器与差速器异响故障诊断排除	主减速器和差速器故障排除后，工作中应无异响、漏油，其他技术情况应符合厂家技术要求

三、行驶系统单个故障诊断排除作业内容及知识技术要求

行驶系统单个故障诊断排除作业内容主要包括行驶异响故障诊断排除、行驶跑偏故障诊断排除、悬架装置故障诊断排除，相关知识要求和技术要求见表6-23。

行驶系统单个故障诊断排除作业内容及知识技术要求　　　　表6-23

工作内容	相关知识要求	技术要求
1. 行驶异响故障诊断排除	（1）分析行驶异响的原因； （2）行驶异响故障排除	行驶异响故障排除后，行驶系统应无异响
2. 行驶跑偏故障诊断排除	（1）分析行驶跑偏的原因； （2）行驶跑偏故障排除	行驶跑偏故障排除后，行驶系统应无跑偏

续上表

工作内容	相关知识要求	技术要求
3. 悬架装置故障诊断排除	(1)弹簧功能异常故障诊断排除； (2)减震功能异常故障诊断排除； (3)下摆臂功能异常故障诊断排除； (4)稳定杆功能异常故障诊断排除	悬架装置故障排除后,减振器功能良好,无漏油、卡滞现象；弹簧功能正常,无卡滞、断裂；转向传动机构及其他悬架部件功能符合厂家技术要求

四、转向系统单个故障诊断排除作业内容及知识技术要求

转向系统单个故障诊断排除作业内容主要包括机械转向系统故障诊断排除、液压助力转向系统故障诊断排除、电动助力转向系统故障诊断排除,相关知识要求和技术要求见表6-24。

转向系统单个故障诊断排除作业内容及知识技术要求　　表6-24

工作内容	相关知识要求	技术要求
1. 机械转向系统故障诊断排除	(1)机械转向系统转向沉重故障诊断排除； (2)机械转向系统转向不灵敏故障诊断排除； (3)机械转向系统前轮摆阵故障诊断排除	机械转向系统故障排除后,转向系统应转向灵活,方向准确；转向传动机构无松旷、异响、漏油情况
2. 液压助力转向系统故障诊断排除	(1)液压助力转向系统转向沉重故障诊断排除； (2)液压助力转向系统回正过度故障诊断排除； (3)液压助力转向系统转向振动故障诊断排除； (4)液压助力转向系统转向盘不能自动回正障诊断排除	液压助力转向系统故障排除后,转向系统应转向灵活,方向准确；转向盘自动回正功能正常；无转向过度、转向异响故障
3. 电动助力转向系统故障诊断排除	(1)电动助力转向系统转向沉重故障诊断排除； (2)电动助力转向系统转向噪声故障诊断排除	电动助力转向系统故障排除后,转向系统应转向灵活,方向准确；无转向沉重、异响情况

五、制动系统单个故障诊断排除作业内容及知识技术要求

制动系统单个故障诊断排除作业内容主要包括制动跑偏故障诊断排除、制动力不足故障诊断排除、制动系统电子控制部分的故障诊断排除,相关知识要求和技术要求见表6-25。

制动系统单个故障诊断排除作业内容及知识技术要求　　表6-25

工作内容	相关知识要求	技术要求
1. 制动跑偏故障诊断排除	(1)能分析制动跑偏的故障原因； (2)能检查制动跑偏相关故障零件	制动跑偏故障诊断排除后,应无制动跑偏情况
2. 制动力不足故障诊断排除	(1)能分析制动力不足的故障原因； (2)能检查制动力不足的相关故障零件	制动力不足故障排除后,制动力应符合厂家技术要求
3. 制动系统电子控制部分的故障诊断排除	(1)ABS(防抱死制动系统)的故障诊断分析； (2)ABS的线束测量和故障排除	制动系统电子控制部分的故障排除后,控制功能正常

一、实训资源

(1) 实训场地:汽车底盘实训场 1 个。
(2) 实训设备:轿车 1 辆。
(3) 工具耗材与设备:汽车底盘拆装工具 1 套,专用工具 1 套,汽车底盘检测相关设备。

二、安全注意事项

(1) 操作人员应穿着工作服和工作鞋等劳动防护用品。
(2) 使用电动设备,应严格按照其额定电压、频率提供电源。
(3) 使用气动设备严格按照额定气压、气路规范使用。

三、操作过程

1. 离合器故障诊断排除维修质量检验

离合器故障诊断排除维修质量检验工作内容包括离合器踏板沉重故障诊断排除、离合器异响故障诊断排除、离合器分离不良故障诊断排除、离合器打滑故障诊断排除,相关操作方法及说明见表 6-26。

离合器故障诊断排除维修质量检验操作方法及说明 表 6-26

步骤	操作方法及说明	质量标准及记录
1. 离合器踏板沉重故障诊断排除	(1) 检查离合器踏板自由行程是否符合要求; (2) 检查离合器压盘弹簧是否缺失,分离指是否断裂	□离合器自由行程应符合厂家要求,离合器踏板自由行程范围应为 15~25mm 标准值:_____ 测量值:_____ □离合器压盘弹簧无缺失,分离指无断裂
2. 离合器异响故障诊断排除	(1) 检查离合器踏板回位情况; (2) 检查离合器摩擦片是否平整,是否有异物	□离合器踏板响应迅速,回位正常 □离合器摩擦片表面平整,无异物
3. 离合器分离不良故障诊断排除	(1) 检查离合器压盘弹簧是否缺失,分离指高度是否一致; (2) 检查离合器推杆是否变形	□离合器压盘弹簧无缺失,分离指高度应一致 □离合器推杆无变形
4. 离合器打滑故障诊断排除	(1) 目视检查离合器压盘与摩擦片结合面是否有油污; (2) 用游标卡尺检查摩擦片厚度是否符合要求	□离合器压盘与摩擦片结合面无油污,结合良好 □检察摩擦片厚度是否符合厂家技术要求 标准值:_____ 测量值:_____

2. 手动变速器故障诊断排除维修质量检验

手动变速器故障诊断排除维修质量检验工作内容包括手动变速器换挡困难故障诊断排

除、手动变速器跳挡故障诊断排除、手动变速器乱挡故障诊断排除、手动变速器卡挡故障诊断排除、手动变速器漏油故障诊断排除，相关操作方法及说明见表6-27。

手动变速器故障诊断排除维修质量检验操作方法及说明 表6-27

步骤	操作方法及说明	质量标准及记录
1.手动变速器换挡困难故障诊断排除	（1）目视检查变速器拨叉是否弯曲变形，自锁和互锁钢球是否损坏，弹簧是否缺失； （2）检查操纵机构是否有变形、卡滞； （3）目视检查同步器是否损坏	□拨叉应良好无变形、自锁互锁钢球无损坏，弹簧无缺失 □操纵机构工作良好 □同步器无损坏
2.手动变速器跳挡故障诊断排除	（1）手动变速器某挡跳挡，将变速器操纵杆挂入该挡，检查变速器齿轮啮合情况，如齿轮啮合良好，应检查换挡机构； （2）用手推动变速器操纵杆，检查有无阻力或阻力过小情况； （3）检查齿轮啮合情况及拨叉的磨损情况； （4）检查变速器轴与轴承配合情况	□齿轮应啮合良好，换挡机构应工作正常 □出现该情况则自锁装置失效，自锁钢球和变速器叉轴凹槽应无磨损过度，自锁钢球弹簧应无过软或折断 □齿轮应能完全啮合，拨叉应无磨损变形 □变速器轴与轴承应无松旷
3.手动变速器乱挡故障诊断排除	（1）摇动变速器操纵杆，检查摇晃角度，若超出正常范围，应检查变速器杆下端球头定位销与定位槽，球头和球孔的配合情况；如果变速器杆摆转360°，应检查定位销是否折断； （2）检查变速器是否无法上挡或下挡，如果是上述情况，则应检查变速器操纵杆是否从下端从导槽中脱出	□检查变速器操纵杆下端球头定位销与定位槽，球头和球孔的配合应符合厂家要求 □定位销应无折断、缺失 □变速器操纵杆下端应与导槽连接良好
4.手动变速器卡挡故障诊断排除	（1）检查变速器操纵杆是否操作自如，如果能操作自如，则应检查变速器第一轴后端卡簧是否脱落或换挡拨叉开口销是否脱落； （2）检查换挡手柄操作情况，应能直接拨动； （3）如果变速器操纵杆操作自如，则应检查接合器是否变形，同步器滑块是否堵塞，拨叉轴是否弯曲变形	□变速器换挡手柄应操作灵活，变速器第一轴后端卡簧及换挡拨叉开口销应无脱落 □变速器操纵杆应操作良好 □接合器应无变形；同步器滑块无堵塞；拨叉轴无弯曲变形
5.手动变速器漏油故障诊断排除	（1）检查变速器润滑油是否过量，油品是否良好，油液规格是否符合要求； （2）检查变速器油封是否老化破损； （3）目视检查变速器外壳是否变形损坏，测量结合面平面度误差是否符合规定	□变速器润滑油加注量、油品情况及油液规格应符合厂家要求 □变速器油封应完好无破损、老化 □变速器外壳应完好无变形、损坏；结合面平面度误差不超过0.5mm 平面度误差标准值：_____ 测量值：_____

3. 自动变速器技术状况测试的维修质量检验

自动变速器技术状况测试的维修质量检验工作内容包括自动变速器手动换挡试验、自动变速器失速试验、自动变速器迟滞试验、自动变速器道路试验,相关操作方法及说明见表 6-28。

自动变速器技术状况的测试维修质量检验操作方法及说明　　　　表 6-28

步骤	操作方法及说明	质量标准及记录
1. 自动变速器手动换挡试验	(1)拔下换挡电磁阀配线插头,将变速器操纵杆置于各个位置,观察换挡位置是否有明显区别; (2)车辆行驶过程中,分别在 D 挡、L 挡等位置变化,观察变速器操纵杆指示挡位是否与其所处位置一致	□手动换挡位置应清晰可靠 □变速器操纵杆指示挡位应与实际挡位所处位置一致
2. 自动变速器失速试验	将变速器操纵杆置于 D 挡或 R 挡,踩住制动踏板并完全踩下加速踏板,观察发动机工作状况,如果 D 挡或 R 挡失速转速相同,且均低于规定值,应检查发动机功率或变矩器导轮单向离合器工作状况	□发动机功率应符合厂家规定
3. 自动变速器迟滞试验	前提条件:自动变速器在正常油温(50～800℃)下,检查驻车制动状态正常后,起动发动机,检查和调整发动机怠速转速,使其符合规定,并使发动机保持稳定怠速运转。 (1)将变速器操纵杆位置从 N 挡换入 D 挡,同时用秒表测定从拨动手柄到有振动感觉所间隔的时间,复位回 N 挡后,重复三次上述操作,根据三次测定的结果,计算出从 N 挡到 D 挡的平均滞后时间; (2)用同样的方法测试 N 挡到 R 挡的平均滞后时间	□自动变速器迟滞试验中,从 N 挡至 D 挡应小于1.2s N 挡至 D 挡时间标准值:＿＿＿＿ 测量值:＿＿＿＿ □自动变速器迟滞试验中,从 N 挡至 R 挡应小于1.5s N 挡至 R 挡时间标准值:＿＿＿＿ 测量值:＿＿＿＿
4. 自动变速器道路试验	(1)D 挡试验:将变速器操纵杆置于 D 挡位置,加速踏板保持在节气门全开的位置,观察升挡速度变化; (2)L 挡试验:将变速器操纵杆置于 L 挡位置,检查在 L 挡位置时能否升至 2 位,检查有无发动机制动效果; (3)R 挡试验:当变速器操纵杆置于 R 挡时观察有无打滑现象; (4)P 挡试验:将汽车停在坡度不小于 5°的坡道上,将变速器操纵杆置于 P 挡,放开驻车制动操纵杆,观察停车锁止机构工作情况	□升挡点的速度应与自动换挡规律吻合,升挡过程中应无振动或打滑现象;关闭超速开关,汽车应无升至超速挡现象,降挡点速度应与自动换挡规律相吻合 □自动变速器应被锁止在此位,无法升入高挡,应有发动机制动 □应无打滑现象 □停车锁止机构应能正常工作不溜车

4. 行驶系统异响故障诊断排除的维修质量检验

行驶系统异响故障诊断排除的维修质量检验工作内容包括行驶系统异响的故障排除,相关操作方法及说明见表 6-29。

行驶系统异响故障诊断排除的维修质量检验操作方法及说明 表6-29

步骤	操作方法及说明	质量标准及记录
行驶系统异响的故障排除	（1）目视检查轮胎外观、型号及螺栓、螺母；	□轮胎外观状态良好，胎侧平整无裂痕；胎面无异物、磨损；同轴轮胎型号规格应相同；轮胎紧固螺栓及螺母无松动及无螺纹损坏
	（2）胎压表测量轮胎气压；	□轮胎胎压符合厂家规定 轮胎胎压标准值：_____ 测量值：_____
	（3）深度尺测量轮胎花纹深度；	□花纹深度应不低于1.6mm，同轴轮胎花纹方向和类型应一致 花纹深度标准值：_____ 测量值：_____
	（4）检查悬架弹簧外观、工作情况及高度；	□悬架弹簧外观无变形断裂，回位正常，高度符合厂家要求
	（5）检查减振器外观及工作情况；	□减振器无变形漏油，回位正常
	（6）检查悬架各零部件（稳定杆、稳定杆连杆、衬套、下摆臂等）是否变形生锈；连接部位螺栓、螺母及球头是否松旷	□悬架各零部件无变形生锈，悬架各零部件螺栓螺母、球头应安装稳固无松旷

5. 行驶跑偏故障诊断排除的维修质量检验

行驶跑偏故障诊断排除的维修质量检验工作内容包括行驶跑偏故障排除，相关操作方法及说明见表6-30。

行驶跑偏故障诊断排除的维修质量检验操作方法及说明 表6-30

步骤	操作方法及说明	质量标准及记录
行驶跑偏故障排除	（1）检查车辆后轮前束偏差是否过大；	□车辆后轮前束偏差应符合厂家标准范围
	（2）检查左右两车轮气压是否不同；	□左右两车轮气压应符合厂家要求
	（3）检查轮胎是否磨损不均或规格不同；	□轮胎应无偏磨，规格符合要求
	（4）检查前轮轮毂轴承或轮毂油封松紧程度是否不一致；	□前轮轮毂轴承或轮毂油封安装良好无松旷
	（5）检查车轮是否单边制动拖滞；	□车轮滚动正常无单边制动拖滞现象
	（6）检查车辆是否装载不均匀	□车辆装载均匀

6. 车轮故障诊断排除的维修质量检验

车轮故障诊断排除的维修质量检验工作内容包括轮胎胎压异常故障诊断排除、车轮不平衡故障诊断排除、轮胎异常磨损故障诊断排除，相关操作方法及说明见表6-31。

车轮故障诊断排除的维修质量检验操作方法及说明 表6-31

步骤	操作方法及说明	质量标准及记录
1. 轮胎胎压异常故障诊断排除	（1）检查轮胎胎压； （2）目视检查轮胎外观； （3）检查轮胎气嘴； （4）检查轮胎气嘴帽	□轮胎气压应符合厂家要求 □轮胎应无鼓包、磨损、异物及锐物刺穿，胎面和胎壁上不应有长度超过25mm或深度暴露出轮胎帘布层的破裂和割伤 □气嘴应完整无变形、气门芯密封圈完整无异物 □气嘴帽应完整无破损，气嘴帽内垫圈无缺失

续上表

步骤	操作方法及说明	质量标准及记录
2.车轮不平衡故障诊断排除	(1)检查轮胎规格型号； (2)检查轮胎外观； (3)检查轮辋外观	□轮胎规格型号一致，符合装车标准 □轮胎外观应无异物及异常磨损 □轮辋外观应完整无变形，与轮胎安装位置对应准确
3.轮胎异常磨损故障诊断排除	(1)轮胎胎肩磨损，应检查轮胎充气压力是否过低； (2)轮胎中间磨损，应检查轮胎充气压力是否过高或荷载是否超出规定； (3)轮胎单边磨损(内侧磨损和外侧磨损)，应检查驾驶条件是否符合要求、悬架部件间隙是否过大、车轮外倾角是否准确； (4)轮胎羽状磨损，检查并调整轮胎前束和后束	□轮胎充气压力符合厂家技术要求 轮胎压力标准值：_____ 测量值：_____ □轮胎充气压力符合厂家要求；荷载符合车辆额定载荷 □车辆驾驶符合道路驾驶规定；悬架部件配合良好；车轮外倾角定位准确 □车轮前、后束符合厂家技术规范

7.悬架装置故障诊断排除的维修质量检验

悬架装置故障诊断排除的维修质量检验工作内容包括弹簧功能异常故障诊断排除、减振功能异常故障诊断排除，相关操作方法及说明见表6-32。

悬架装置故障诊断排除的维修质量检验操作方法及说明 表6-32

步骤	操作方法及说明	质量标准及记录
1.弹簧功能异常故障诊断排除	(1)螺旋弹簧的检查：检查螺旋弹簧是否有损伤裂纹、与减振器装配是否正确； (2)钢板弹簧的检查：检查钢板弹簧是否有断片、裂纹损坏，钢板弹簧衬套和吊耳衬套是否磨损过度、损坏或变形； (3)扭杆弹簧的检查：检查扭杆弹簧是否弯曲、扭曲或损伤，扭杆弹簧花键部分是否扭曲、裂纹损伤	□螺旋弹簧应无损伤断裂、与减振器装配良好 □钢板弹簧无断片、裂纹，衬套和吊耳衬套无磨损过度、损坏或变形 □扭杆弹簧无弯曲、扭曲或损伤，扭杆弹簧花键部分配合良好
2.减振功能异常故障诊断排除	(1)检查减振器是否漏油，减振器外防尘罩是否破损； (2)用手向下压住车身，然后迅速放手，车身上下跳动次数不应过多，否则，为减振器失效	□减振器无漏油，衬套无破损 □减振器无漏油失效

8.机械转向系统故障诊断的维修质量检验

机械转向系统故障诊断的维修质量检验工作内容包括机械转向系统转向沉重故障诊断排除、机械转向系统转向不灵敏故障诊断排除，相关操作方法及说明见表6-33。

机械转向系统故障诊断的维修质量检验操作方法及说明　　　　　　　　表6-33

步骤	操作方法及说明	质量标准及记录
1. 机械转向系统转向沉重故障诊断排除	(1) 检查转向器与转向器柱从动部分的啮合间隙是否过小,转向器转向齿轮和齿条啮合间隙是否过小; (2) 检查转向器是否缺油或漏油; (3) 检查传动机构,转向节主销后倾角、内倾角是否过大转向横拉杆球头连接是否过紧; (4) 转向节推力轴承是否缺油或损坏	□转向器与转向器柱从动部分的啮合间隙、转向器转向齿轮和齿条啮合间隙符合厂家要求技术规范 □转向器润滑良好无漏油 □主销后倾角、内倾角参数符合厂家技术规范;转向横拉杆球头连接良好,转动灵活 □转向节推力轴承滑良好无漏油
2. 机械转向系统转向不灵敏故障诊断排除	(1) 检查转向器主、从动啮合部位间隙是否过大; (2) 检查转向盘与转向轴连接部位是否松旷; (3) 检查转向摇臂与转向摇臂轴连接是否松旷; (4) 检查转向横拉杆球头与转向节连接部位是否松旷	□检查转向器主、从动啮合部位间隙符合厂家技术规范 □转向盘与轴连接部位无松旷 □转向摇臂与摇臂轴连接无松旷 □转向横拉杆球头与转向节连接部位无松旷

9. 液压助力转向系统故障诊断的维修质量检验

液压助力转向系统故障诊断的维修质量检验工作内容包括液压助力转向系统转向沉重故障诊断排除、液压助力转向系统回正过渡故障诊断排除、液压助力转向系统转向振动故障诊断排除,相关操作方法及说明见表6-34。

液压助力转向系统故障诊断的维修质量检验操作方法及说明　　　　　　　　表6-34

步骤	操作方法及说明	质量标准及记录
1. 液压助力转向系统转向沉重故障诊断排除	(1) 检查转向液泵传动带是否松弛; (2) 检查液压助力转向油液位是否过低; (3) 检查助力转向液压泵内转子阀是否磨损严重	□转向液泵传动带安装牢固无松弛 □液压助力转向油液位符合厂家技术规范 □助力转向液压泵内转子阀工作状体良好,无磨损
2. 液压助力转向系统回正过渡故障诊断排除	(1) 检查转向液压系统是否有空气; (2) 检查转向器固定情况有无松动; (3) 检查转向器内转向阀(滑阀或转阀)啮合间隙是否过大	□转向液压系统排空后,管路内部应无空气 □转向器安装牢固无松动 □转向器内液压转向阀啮合良好,间隙符合厂家技术规范
3. 液压助力转向系统转向振动故障诊断排除	(1) 检查液压助力转向系统转向油液位是否过低; (2) 检查转向系统液压泵传动带是否松弛; (3) 用压力表连接管路,起动发动机,同时观察转储油罐中是否需要添加助力转向油,急速运行,使发布机转速保持在1200~1500r/min,转动转向盘数次,急速关闭节流阀(5~10s),检查液压泵的泵压力	□液压助力转向系统转向油液位符合厂家技术规范 □液压泵传动带挠度符合要求 □液压泵的泵压力应符合厂家技术规范,不低于6MPa,不高于15MPa 泵压力值标准值:_____ 测量值:_____

3. 电动助力转向系统故障诊断的维修质量检验

电动助力转向系统故障诊断的维修质量检验工作内容包括电动助力转向系统转向沉重故障诊断排除、电动助力转向系统转向噪声故障诊断排除,相关操作方法及说明见表6-35。

电动助力转向系统故障诊断的维修质量检验操作方法及说明　　　　表6-35

步骤	操作方法及说明	质量标准及记录
1. 电动助力转向系统转向沉重故障诊断排除	(1)检查转速传感器元件及线路是否正常; (2)检查转向系统液压泵液压油液位是否正常; (3)检查转向盘转角传感器; (4)检查电子控制单元工作情况是否正常; (5)检查转向齿轮与齿条是否卡滞; (6)检查各转角传感器元件和线路工作是否正常	□转速传感器元件功能正常,线路无短路、断路 □转向系统液压泵液压油液位符合厂家技术规范 □转角传感器安装牢固无松动,功能正常 □电子控制单元工作正常 □转向齿轮与齿条工作状态良好,无松动、卡滞 □转角传感器元件功能正常,线路无短路、断路
2. 电动助力转向系统转向噪声故障诊断排除	(1)检查转向助力油液位是否正常; (2)转向助力液压泵工作是否良好; (3)检查转向控制阀工作状态是否正常; (4)应检查齿轮齿条配合间隙是否过大	□转向助力油液位应符合厂家技术规范 □转向助力液压泵工作状态良好 □转向控制阀工作状态良好,无卡滞 □齿轮齿条配合良好,间隙符合厂家技术规范

10. 制动跑偏故障诊断排除的维修质量检验

制动跑偏故障诊断排除的维修质量检验工作内容包括制动跑偏故障诊断排除,相关操作方法及说明见表6-36。

制动系统单个故障诊断排除的质量检验操作方法及说明　　　　表6-36

步骤	操作方法及说明	质量标准及记录
制动跑偏故障诊断排除	(1)制动力台架试验,检查左、右两侧车轮制动力是否不一致; (2)通过厚薄规,从制动鼓验视孔插入,在距离制动摩擦片上、下端20~30mm位置测量,检查左右两轮的制动间隙是否一致; (3)拆下制动蹄与制动鼓,在制动蹄接触面涂抹粉笔灰,将接触面与制动鼓来回摩擦,观察摩擦痕迹,检查左右两轮制动蹄与鼓的接触面是否相差过大; (4)检查一侧车轮制动器内是否进水或油污	□左、右两侧车轮制动力一致,符合厂家技术规范 □左右两轮的制动间隙一致,制动间隙符合厂家技术规范 制动间隙标准值:＿＿＿＿ 测量值:＿＿＿＿ □左右车轮制动蹄与鼓的接触面不应相差过大 □车轮制动器内无进水或油污

11. 制动力不足故障诊断排除的维修质量检验

制动力不足故障诊断排除的质量检验工作内容包括制动力不足故障诊断排除,相关操作方法及说明见表6-37。

制动力不足故障诊断排除的质量检验操作方法及说明　　　　表 6-37

步骤	操作方法及说明	质量标准及记录
制动力不足故障诊断排除	(1)检查制动踏板自由行程是否过大；	□制动踏板自由行程符合厂家技术规范自由行程： 标准值：＿＿＿＿＿ 测量值：＿＿＿＿＿
	(2)检查制动管路是否漏气；	□管路应无漏气
	(3)检查制动管路中是否有空气；	□管路应无空气，若有空气，应先检查泄漏情况再进行排空
	(4)检查制动主缸、轮缸皮碗、活塞是否磨损；	□制动主缸、轮缸皮碗、活塞是否磨损应密封良好无磨损
	(5)检查制动主缸、轮缸管路或接头是否漏油	□制动主缸、轮缸管路或接头应无漏油

12. 制动系统电子控制部分的故障诊断排除的维修质量检验

制动系统电子控制部分的故障诊断排除的维修质量检验工作内容包括 ABS 故障码读取和分析、ABS 线路识读及元件与线束的测量，相关操作方法及说明见表 6-38。

制动系统电子控制部分的故障诊断排除的维修质量检验操作方法及说明　　　　表 6-38

步骤	操作方法及说明	质量标准及记录
1. ABS 故障码读取和分析	(1) ABS 故障灯点亮,连接诊断仪,对 ABS 故障进行故障码读取与分析； (2) 根据故障码信息,对系统故障进行初步判断	□分析故障后清除故障码,ABS 应无故障码
2. ABS 线路识读及元件与线束的测量	(1) 检查 ABS 轮速传感器工作情况；	□轮速传感器外观应无脏污、线束连接正常
	(2) 动作测试,检查 ABS 控制阀是否能够正常开启和关闭；	□ABS 控制阀应能根据动作测试响应
	(3) 根据 ABS 电路图,检查 ABS 电路是否有断路、短路情况	□线束应无破损、断路、短路

任务评价

汽车底盘维修质量检验与评定（三级）考核评分记录见表 6-39。

汽车底盘维修质量检验与评定（三级）考核评分记录表　　　　表 6-39

类别	序号	项目	考核内容及要求	配分	评分标准 （各项配分扣完为止）	得分
专业知识 (20分)	1	汽车底盘系统总成的检修	正确说出汽车底盘各系统总成检修的基本工作内容	4	能回答问题,但回答不完整,按比例扣分；不能回答,扣 4 分	
	2	传动系统单个故障诊断与排除	正确说出传动系统不同的部件的故障现象、原因及诊断方法	4	能回答问题,但回答不完整,按比例扣分；不能回答,扣 4 分	
		行驶系统单个故障诊断与排除	正确说出行驶系统不同的部件的故障现象、原因及诊断方法	4	能回答问题,但回答不完整,按比例扣分；不能回答,扣 4 分	
		转向系统单个故障诊断与排除	正确说出转向系统不同的部件的故障现象、原因及诊断方法	4	能回答问题,但回答不完整,按比例扣分；不能回答,扣 4 分	
		制动系统单个故障诊断与排除	正确说出制动系统不同的部件的故障现象、原因及诊断方法	4	能回答问题,但回答不完整,按比例扣分；不能回答,扣 4 分	

续上表

类别	序号	项目	考核内容及要求	配分	评分标准 （各项配分扣完为止）	得分
操作技能 （80分）	1	安全防护	个人防护到位	3	穿戴不全,不得分	
			车辆防护到位	2	防护不全,不得分	
	2	工具、设备、材料准备	选用工具、设备、材料齐全准确	3	缺一件,扣1分;选错一件,扣1分,扣完为止	
	3	传动系统的单个故障诊断排除的质量检查	能够对传动系统单个故障诊断排除后,进行质量检验操作	15	项目少一个,扣2分;方法错误,扣2分;未完成,扣5分	
		行驶系统的单个故障诊断排除的质量检查	能够对行驶系统单个故障诊断排除后,进行质量检验操作	15	项目少一个,扣2分;方法错误,扣2分;未完成,扣5分	
		转向系统的单个故障诊断排除的质量检查	能够对转向系统单个故障诊断排除后,进行质量检验操作	15	项目少一个,扣2分;方法错误,扣2分;未完成,扣5分	
		制动系统的单个故障诊断排除的质量检查	能够对制动系统单个故障诊断排除后,进行质量检验操作	15	项目少一个,扣2分;方法错误,扣2分;未完成,扣5分	
	4	正确使用工具、设备、材料	工具、设备使用正确	5	一种工具、设备、材料使用不正确,扣2分	
					损坏、丢失一件工具,不得分	
	5	操作规程	操作规程执行情况	5	违反操作规程,不得分	
	6	清理现场	清理并回收工具和设备	2	少收一件工具、设备,扣1分,扣完为止	
		分数总计		100	最终得分	

考核员签字：_____　　　　　　　　　　　日期：_____年___月___日

项目七 汽车电器检修质量检验与评定

项目描述

汽车电器检修包括蓄电池检修,起动系统检修,充电系统检修,照明、信号及仪表系统检修,辅助电气系统检修和空调系统检修。通过对汽车电器检修质量进行检验与评定,使车辆具备良好的使用性能,确保维修出厂的车辆符合国家及行业相关标准。

本项目通过对汽车蓄电池检修,起动系统检修,充电系统检修,照明、信号及仪表系统检修,辅助电气系统检修和空调系统检修等检修项目的检修质量检验与评定进行讲解,使学员掌握汽车维修质量检验与评定的专业知识和操作要点。

其中,任务1对应汽车维修检验工四级职业能力,任务2对应汽车维修检验工三级职业能力。

任务1 汽车电器检修质量检验与评定(四级)

▶ 建议学时:6学时

一、知识要求

1. 能叙述汽车蓄电池检修的项目及技术要求。
2. 能叙述汽车起动系统检修的项目及技术要求。
3. 能叙述汽车充电系统检修的项目及技术要求。
4. 能叙述汽车照明、信号及仪表系统检修的项目及技术要求。
5. 能叙述汽车辅助电气系统检修的项目及技术要求。
6. 能叙述汽车空调系统检修的项目及技术要求。

二、技能要求

1. 能正确选择与使用仪器检验与评估蓄电池技术状况。
2. 能正确选择与使用仪器检验与评估起动、充电系统技术状况。
3. 能正确选择与使用仪器检验与评估照明、信号及仪表技术状况。
4. 能正确选择与使用仪器检验与评估辅助电气系统、空调系统技术状况。

项目七　汽车电器检修质量检验与评定

一、蓄电池检修

在对蓄电池进行检测及维护时,需要对蓄电池的组成结构及工作原理、蓄电池的技术状况及充电方法等知识有一定的了解。相关知识要求及技术要求见表7-1。

蓄电池相关要求　　　　　　　　　　　　　　表7-1

工作内容	相关知识要求	相关技术要求
1. 蓄电池结构与工作原理	(1) 汽车蓄电池的组成结构; (2) 汽车蓄电池的工作原理	(1) 蓄电池结构完整,外观完好; (2) 蓄电池电压及起动电流符合厂家规定
2. 蓄电池技术状况检查方法	(1) 使用密度计检测电解液相对密度的方法; (2) 使用万用表测量蓄电池正负极之间电压的方法; (3) 使用高率放电计对蓄电池进行负荷试验的方法	(1) 电解液相对密度符合厂家规定; (2) 蓄电池电压及起动电流符合厂家规定; (3) 蓄电池放电率符合厂家规定
3. 蓄电池充电方法及注意事项	(1) 蓄电池充电的方法; (2) 蓄电池充电过程中的注意事项	(1) 蓄电池充电电压及充电电流符合厂家规定; (2) 充电操作符合安全操作规程

二、起动系统检修

在对起动系统进行检测及维护时,需要对起动系统的组成结构及工作原理、起动机的检查方法及起动系统电路等知识有一定的了解。相关知识及技术要求见表7-2。

起动系统相关要求　　　　　　　　　　　　　　表7-2

工作内容	相关知识要求	相关技术要求
1. 起动系统组成与工作原理	(1) 汽车起动机的组成结构; (2) 汽车起动机的工作原理	(1) 起动机结构完整,外观完好; (2) 起动机起动电压及起动电流符合厂家规定
2. 起动机检查方法	(1) 起动机外观及安装状况检查方法; (2) 起动机解体检测方法; (3) 起动机试验检测	(1) 起动机外观无破损、脏污等,安装牢固; (2) 各参数符合厂家规定; (3) 起动机的使用性能参数符合厂家规定
3. 起动系统电路相关知识	(1) 起动系统电路的组成; (2) 起动系统电路的工作原理	(1) 起动系统各电器元件齐全,性能良好; (2) 起动系统线路安装正确,线束完好

三、充电系统

在对充电系统进行检测及维护时,需要对充电系统的组成结构及工作原理、发电机的检查方法及充电系统电路等知识有一定的了解。相关知识及技术要求见表7-3。

充电系统相关要求　　　　　　　　　表7-3

工作内容	相关知识要求	相关技术要求
1.充电系统组成与工作原理	（1）发电机的组成结构； （2）发电机的工作原理	（1）发电机结构完整，外观完好； （2）发电机输出电压及电流符合厂家规定
2.发电机检查方法	（1）发电机外观及安装状况检查方法； （2）发电机解体检测方法； （3）发电机试验检测方法	（1）发电机外观无破损、脏污等，安装牢固； （2）各参数符合厂家规定； （3）发电机的使用性能参数符合厂家规定
3.充电系统电路相关知识	（1）充电系统电路的组成； （2）充电系统电路的工作原理	（1）充电系统各电器元件齐全，性能良好； （2）充电系统线路安装正确，线束完好

四、照明、信号及仪表系统检修

在对照明、信号及仪表系统进行检测及维护时，需要对照明、信号及仪表系统的组成结构及工作原理、照明、信号及仪表系统元件的检查方法及照明、信号及仪表系统电路等知识有一定的了解。相关知识及技术要求见表7-4。

照明、信号及仪表系统相关要求　　　　　　　　　表7-4

工作内容	相关知识要求	相关技术要求
1.照明、信号及仪表系统组成与工作原理	（1）汽车照明、信号及仪表系统的组成结构； （2）汽车照明、信号及仪表系统的工作原理	（1）照明、信号及仪表系统结构完整，外观完好，安装牢固； （2）照明、信号及仪表系统工作正常
2.照明、信号及仪表系统电路图知识	（1）照明、信号及仪表系统电路的组成； （2）照明、信号及仪表系统电路的工作原理	（1）照明、信号及仪表系统各电器元件齐全，性能良好； （2）照明、信号及仪表系统线路安装正确，线束完好
3.照明、信号及仪表系统元件的检测方法	（1）使用万用表检测元件的方法； （2）使用万用表检测元件电压的方法； （3）使用故障诊断仪读取故障码或者数据流的方法	照明、信号及仪表系统各部件参数符合厂家规定

五、辅助电气系统检修

在对辅助电气系统进行检测及维护时，需要对辅助电气系统的组成结构及工作原理、辅助电气系统元件的检查方法及辅助电气系统电路等知识有一定的了解。相关知识及技术要求见表7-5。

辅助电气系统相关要求　　　　　　　　　表7-5

工作内容	相关知识要求	相关技术要求
1.辅助电器系统组成与工作原理	（1）汽车辅助电器各系统的组成结构； （2）汽车辅助电器各系统的工作原理	（1）辅助电器系统结构完整，外观完好，安装牢固； （2）辅助电器系统工作正常

续上表

工作内容	相关知识要求	相关技术要求
2.电动车窗电机及开关检查、更换方法	(1)使用万用表检测电动车窗电机及开关的方法； (2)使用万用表检测电动车窗电机及开关电压的方法； (3)使用故障诊断仪读取故障码或者数据流的方法； (4)电动车窗电机及开关更换的方法	(1)电动车窗电机及开关参数符合厂家规定； (2)按照维修手册操作要求； (3)更换电动车窗电机及开关
3.电动后视镜及开关检查、更换方法	(1)使用万用表检测电动后视镜及开关的方法； (2)使用万用表检测电动后视镜及开关电压的方法； (3)使用故障诊断仪读取故障码或者数据流的方法； (4)电动后视镜及开关更换的方法	(1)电动后视镜及开关参数符合厂家规定； (2)更换电动后视镜及开关，符合维修手册的操作要求
4.刮水器电机及开关检查、更换方法	(1)使用万用表检测刮水器电机及开关的方法； (2)使用万用表检测刮水器电机及开关电压的方法； (3)使用故障诊断仪读取故障码或者数据流的方法； (4)刮水器电机及开关更换的方法	(1)刮水器电机及开关参数符合厂家规定； (2)更换刮水器电机及开关，符合维修手册操作要求
5.电动座椅电机及开关检查、更换方法	(1)使用万用表检测电动座椅电机及开关的方法； (2)使用万用表检测电动座椅电机及开关电压的方法； (3)使用故障诊断仪读取故障码或者数据流的方法； (4)电动座椅电机及开关更换的方法	(1)电动座椅电机及开关参数符合厂家规定； (2)更换电动座椅电机及开关，符合维修手册操作要求

六、空调系统检修

在对空调系统进行检测及维护时，需要对空调系统的组成结构及工作原理、空调系统元件的检查方法及空调系统电路等知识有一定的了解。相关知识及技术要求见表7-6。

空调系统相关要求　　　　　表7-6

工作内容	相关知识要求	相关技术要求
1.空调系统组成与工作原理	(1)汽车空调系统的组成结构； (2)汽车空调系统的工作原理	(1)空调系统结构完整，外观完好，安装牢固； (2)空调系统工作正常

续上表

工作内容	相关知识要求	相关技术要求
2. 电磁离合器检测技术要求	(1)电磁离合器的检查方法; (2)用万用表电阻挡测量电磁离合器线圈电阻的方法; (3)电磁离合器压力盘与传动带之间的间隙测量的方法; (4)压缩机电磁离合器的压力盘表面和转子的检查方法	(1)接通电磁离合器电源开关,压缩机运行,断开电源,压缩机应立即停止运行; (2)应符合厂家标准; (3)压力盘表面无明显磨损,电磁离合器轴无漏油现象,转动无异响,轴承有无明显松动,润滑脂有无渗漏等
3. 汽车空调控制电路图相关知识	(1)汽车空调控制系统电路的组成; (2)汽车空调控制系统电路的工作原理	(1)汽车空调控制系统各电器元件齐全,性能良好; (2)汽车空调控制系统线路安装正确,线束完好
4. 空调压力表、冷媒加注回收机操作规程	(1)空调歧管压力表的操作规程; (2)空调冷媒加注回收机操作规程; (3)空调压力表、冷媒加注回收机操作规程及注意事项	(1)歧管压力表的高低压管路、回收管路完好、无破损; (2)歧管压力表各接头、阀门操作灵活、无泄漏; (3)歧管压力表表针读数正常
5. 空调取暖和通风系统组成与工作原理	(1)汽车空调取暖和通风系统的组成结构; (2)汽车空调取暖和通风系统的工作原理	(1)空调取暖和通风系统结构完整,外观完好,安装牢固; (2)空调取暖和通风系统工作正常
6. 鼓风机和通风装置拆装技术要求	(1)鼓风机的拆装流程、方法及注意事项; (2)通风装置的拆装流程、方法及注意事项	拆装鼓风机和通风装置,符合维修手册操作要求

一、实训资源

(1)实训场地:汽车整车实训工位1个。
(2)实训设备:轿车1辆。
(3)工具耗材与设备:汽车维修工具1套,歧管压力表1个,汽车前照灯检测仪1个,汽车车内车外防护用品1套。

二、安全注意事项

(1)操作人员应穿着工作服和工作鞋,必要时佩戴护目镜、耳塞和口罩。
(2)使用电动设备,应严格按照其额定电压、频率提供电源。
(3)起动车辆前需要进行安全检查,并进行提醒。

三、操作过程

在汽车电气系统维修作业过程中、竣工质量检验时,依据《汽车修理质量检查评定方法》(GBT 15746)开展全面的过程质量检验及竣工质量检验,主要检验方法有外观状况目

项目七　汽车电器检修质量检验与评定

视检验、运行功能验证检验、仪器测试检验等方法。

1. 蓄电池检修

汽车蓄电池的技术状况检查操作方法及说明见表7-7。

汽车蓄电池的技术状况检查操作方法及说明　　　　表7-7

步骤	操作方法及说明	质量标准及记录
1. 检测蓄电池技术状况	(1) 目视检查蓄电池外观、极柱、电解液液位、安装情况； (2) 蓄电池电压情况； (3) 检测蓄电池电解液密度	□如有破损，则需更换蓄电池 □安装不牢固，则需紧固 □电解液液位低，则添加蒸馏水 □在20℃时，检测蓄电池静态电压为：_____V □将发动机转速保持在2000r/min，检查蓄电池充电电压为：_____V □在20℃条件下，检查电解液密度为：_____，标准值为：_____
2. 蓄电池充电	按照安全操作规程对蓄电池进行充电	□检查蓄电池充电电压为_____V

2. 起动系统检修

(1) 汽车起动机的技术状况检查操作方法及说明见表7-8。

汽车起动机的技术状况检查操作方法及说明　　　　表7-8

步骤	操作方法及说明	质量标准及记录
检测起动机技术状况	(1) 检查起动机外观无破损、转动灵活、无异响； (2) 起动机测试电流； (3) 试验台测试力矩	□起动机外观破损、转动不灵活、有异响等，则需维修或者更换 □起动电流：_____A □力矩应符合出厂技术要求

(2) 汽车起动机总成检修操作方法及说明见表7-9。

汽车起动机总成检修操作方法及说明　　　　表7-9

步骤	操作方法及说明	质量标准及记录
1. 检查起动机电枢总成	(1) 用万用表检查换向器是否断路； (2) 检查换向器是否对搭铁短路； (3) 用游标卡尺测量换向器直径	□换向器线圈良好 □换向器线圈对搭铁绝缘 □换向器直径测量值：_____ □厂家规定值：_____
2. 检查起动机电刷架总成	(1) 用游标卡尺测量电刷长度； (2) 用万用表测量电刷间的电阻	□电刷长度测量值：_____ □厂家规定值：_____ □电阻测量值：_____ □厂家规定值：_____
3. 检查起动机电磁开关总成	(1) 检查铁芯； (2) 用万用表测量端子50和端子C间的电阻； (3) 万用表测量端子50与开关壳体之间的电阻	□推入铁芯，然后检查并确认其迅速回到初始位置 □电阻测量值：_____ □厂家规定值：_____ □电阻测量值：_____ □厂家规定值：_____

(3)汽车起动机控制线路的检修操作方法及说明见表7-10。

汽车起动机控制线路的检修操作方法及说明　　　　表7-10

步骤	操作方法及说明	质量标准及记录
检修起动机控制线路	(1)检查起动系统线束及插接头； (2)检查起动机插接头； (3)检查熔断丝、继电器等电器元件	□线束无破损,插接头无松动,接触不良情况 □起动机插接头连接牢固可靠 □熔断丝、继电器无损坏

3.充电系统检修

(1)汽车发电机的技术状况检查操作方法及说明见表7-11。

汽车发电机的技术状况检查操作方法及说明　　　　表7-11

步骤	操作方法及说明	质量标准及记录
检测发电机技术状况	(1)检查发电机外观； (2)检查充电指示灯工作情况； (3)空载试验:将发动机转速保持在2000r/min,检查电流表和电压表的读数； (4)负载试验:当发动机转速为2000r/min时,打开远光灯,并将加热器鼓风机开关转至"HI"位置,检查电流表的读数	□无破损、转动灵活、无异响、按照牢靠 □充电指示灯工作是否正常 □试验输出电流:＿＿＿＿ □试验输出电压:＿＿＿＿ □厂家规定输出电流:＿＿＿＿ □厂家规定输出电压:＿＿＿＿ □负载试验 □输出电流:＿＿＿＿ □厂家规定:＿＿＿＿

(2)汽车发电机总成检修操作方法及说明见表7-12。

汽车发电机总成检修操作方法及说明　　　　表7-12

步骤	操作方法及说明	质量标准及记录
1.检查发电机离合器皮带轮	固定皮带轮中心	□确认外锁环只能逆时针转动而不能顺时针转动
2.检查发电机电刷架总成	游标卡尺测量电刷的外露长度	□外露长度测量值:＿＿＿＿ □厂家规定值:＿＿＿＿
3.检查发电机转子总成	(1)用万用表测量滑环之间的电阻； (2)用万用表测量其中一个滑环与转子之间的电阻； (3)检查并确认发电机转子轴承； (4)游标卡尺测量滑环直径	□电阻测量值:＿＿＿＿ □厂家规定值:＿＿＿＿ □电阻测量值:＿＿＿＿ □厂家规定值:＿＿＿＿ □没有变粗糙或磨损 □滑环直径测量值:＿＿＿＿ □厂家规定值:＿＿＿＿
4.检查发电机定子总成	(1)用万用表测量线圈端线之间的电阻； (2)用万用表测量其中端线与定子铁芯之间的电阻； (3)检查并确认发电机三相绕组	□电阻测量值:＿＿＿＿ □厂家规定值:＿＿＿＿ □电阻测量值:＿＿＿＿ □厂家规定值:＿＿＿＿ □漆包线无烧蚀、变形

续上表

步骤	操作方法及说明	质量标准及记录
5.检查发电机整流器总成	用万用表检测整流器二极管正向、反向电阻	□正向测量值：_____ □反向测量值：_____ □厂家规定值：_____ □正向测量值：_____ □反向规定值：_____

(3)汽车充电系统线路检修操作方法及质量标准见表7-13。

汽车充电系统线路检修操作方法及质量标准　　　　　表7-13

步骤	操作方法及说明	质量标准及记录
检修充电系统线路	(1)检查充电系统线束及插接头； (2)检查发电机插接头； (3)检查熔断丝、继电器等电器元件	□线束无破损、插接头无松动、接触不良情况 □发电机插接头链接牢固可靠 □熔断丝、继电器无损坏

4.汽车照明、信号及仪表系统检修

(1)汽车照明系统的技术状况检查操作方法及质量标准见表7-14。

汽车照明系统的技术状况检查操作方法及质量标准　　　　　表7-14

步骤	操作方法及说明	质量标准及记录
1.检修照明线路及元件	(1)检查照明系统线束及插接头； (2)检查各照明灯具插接头	□线束无破损、插接头无松动、接触不良情况 □照明灯具插接头链接牢固可靠
2.检修照明系统元件	(1)检查照明系统灯具； (2)检查照明系统开关元件； (3)检查熔断丝、继电器等电器元件	□灯具发光正常，无破损、脏污 □开关操纵灵活可靠 □熔断丝、继电器无损坏

(2)汽车信号系统的技术状况检查操作方法及质量标准见表7-15。

汽车信号系统的技术状况检查操作方法及质量标准　　　　　表7-15

步骤	操作方法及说明	质量标准及记录
1.检修信号线路及元件	(1)检查信号系统线束及插接头； (2)检查各信号灯具及元件插接头	□线束无破损、插接头无松动、接触不良情况 □信号灯具及元件插接头链接牢固可靠
2.检修信号系统元件	(1)检查信号系统灯具； (2)检查信号系统开关元件； (3)检查熔断丝、继电器等电器元件	□灯具发光正常，无破损、脏污 □开关操纵灵活可靠 □熔断丝、继电器无损坏

(3)汽车仪表系统的技术状况检查操作方法及质量标准见表7-16。

汽车仪表系统的技术状况检查操作方法及质量标准　　　　　表7-16

步骤	操作方法及说明	质量标准及记录
1.检修仪表线路及元件	(1)检查仪表系统线束及插接头； (2)检查仪表插接头	□线束无破损、插接头无松动、接触不良情况 □仪表系统插接头连接牢固可靠
2.检修仪表系统元件	(1)检查仪表系统各指示灯及仪表指示情况； (2)检查熔断丝、继电器等电器元件	□确认指示灯及仪表指示工作是否正常 □熔断丝、继电器无损坏

5. 辅助电气系统检修

(1) 汽车电动车窗电机及开关的检查与更换操作方法及质量标准见表7-17。

汽车电动车窗电机及开关的检查与更换操作方法及质量标准　　　表7-17

步骤	操作方法及说明	质量标准及记录
1. 检查、更换电动车窗电机	(1) 检查电动车窗电机; (2) 操纵电动车窗开关,检查车窗电机的工作情况; (3) 更换电动车窗电机	□外观无破损、按照牢靠 □车窗电机工作正常、无异响 □根据厂家维修手册指引更换电动车窗电机
2. 检查、更换电动车窗开关	(1) 检查车窗开关; (2) 操纵电动车窗开关各挡位,检查车窗开关的工作情况; (3) 更换电动车窗开关	□外观无破损、按照牢靠 □电动车窗开关各挡位操作可靠、无卡滞、复位正常 □根据厂家维修手册指引更换电动车窗开关

(2) 汽车门锁电机及开关的检查与更换操作方法及质量标准见表7-18。

汽车门锁电机及开关的检查与更换操作方法及质量标准　　　表7-18

步骤	操作方法及说明	质量标准及记录
1. 检查、更换门锁电机	(1) 检查门锁电机; (2) 操纵门锁开关,检查门锁电机的工作情况; (3) 更换门锁电机	□外观无破损、安装牢靠 □门锁电机工作正常、无异响 □根据厂家维修手册指引更换门锁电机
2. 检查、更换门锁开关	(1) 检查门锁开关; (2) 操纵门锁开关各挡位,检查门锁开关的工作情况; (3) 更换门锁开关	□外观无破损、安装牢靠 □门锁开关各挡位操作可靠、无卡滞、复位正常 □根据厂家维修手册指引更换门锁开关

(3) 汽车电动后视镜电机及开关的检查与更换操作方法及质量标准见表7-19。

汽车电动后视镜电机及开关的检查与更换操作方法及质量标准　　　表7-19

步骤	操作方法及说明	质量标准及记录
1. 检查、更换电动后视镜电机	(1) 检查后视镜电机; (2) 操纵后视镜开关,检查后视镜电机的工作情况; (3) 更换后视镜电机	□外观无破损、安装牢靠 □后视镜电机工作正常、无异响 □根据厂家维修手册指引更换电动后视镜电机
2. 检查、更换电动后视镜开关	(1) 检查后视镜开关; (2) 操纵后视镜开关各挡位,检查后视镜开关的工作情况; (3) 更换后视镜开关	□外观无破损、安装牢靠 □电动后视镜开关各挡位操作可靠、无卡滞、复位正常 □根据厂家维修手册指引更换电动后视镜开关

(4) 汽车电动刮水器电机及开关的检查与更换操作方法及质量标准见表7-20。

汽车电动刮水器电机及开关的检查与更换操作方法及质量标准　　　表7-20

步骤	操作方法及说明	质量标准及记录
1. 检查、更换电动刮水器电机	(1) 检查电动刮水器电机; (2) 操纵电动刮水器开关,检查刮雨器电机的工作情况; (3) 更换电动刮水器电机	□外观无破损、安装牢靠 □刮水器电机工作正常、无异响 □根据厂家维修手册指引更换电动刮水器电机

项目七　汽车电器检修质量检验与评定

续上表

步骤	操作方法及说明	质量标准及记录
2.检查、更换电动刮水器开关	(1)检查刮水器开关； (2)操纵刮水器开关各挡位，检查刮水器开关的工作情况； (3)更换电动刮水器开关	□外观无破损、安装牢靠 □电动刮水器开关各挡位操作可靠、无卡滞、复位正常 □根据厂家维修手册指引更换电动刮水器开关

（5）汽车电动座椅电机及开关的检查与更换操作方法及质量标准见表7-21。

汽车电动座椅电机及开关的检查与更换操作方法及质量标准　　表7-21

步骤	操作方法及说明	质量标准及记录
1.检查、更换电动座椅电机	(1)检查电动座椅电机； (2)操纵电动座椅开关，检查座椅电机的工作情况； (3)更换电动座椅电机	□外观无破损、安装牢靠 □座椅电机工作正常、无异响 □根据厂家维修手册指引更换电动座椅电机
2.检查、更换电动座椅开关	(1)检查座椅开关； (2)操纵座椅开关各挡位，检查座椅开关的工作情况； (3)更换电动座椅开关	□外观无破损、安装牢靠 □电动座椅开关各挡位操作可靠、无卡滞、复位正常 □根据厂家维修手册指引更换电动座椅开关

6.空调系统检修

汽车空调系统的技术状况检查操作方法及质量标准见表7-22。

汽车空调系统的技术状况检查操作方法及质量标准　　表7-22

步骤	操作方法及说明	质量标准及记录
1.检查空调压缩机电磁离合器	(1)检查空调压缩机电磁离合器； (2)操纵空调A/C开关，检查电磁离合器的工作情况	□外观无破损、无脏污、转动灵活、反方向转动锁止、安装牢靠 □电磁离合器能正常工作
2.检查空调制冷循环系统技术状况	(1)歧管压力表检查空调制冷循环系统的高低压管侧的压力； (2)卤素泄漏检测器或者电子检漏仪检测空调系统管路及接头	□高压侧压力：_____ □低压侧压力：_____ 厂家规定值：_____ □高压侧压力：_____ □低压侧压力：_____ □空调系统管路及接头无泄漏
3.检查、更换制冷系统各组件（膨胀阀、冷凝器、储液干燥过滤器）	(1)检查空调制冷循环系统冷凝器、蒸发器、膨胀阀、储液干燥过滤器等部件的工作状况及安装情况； (2)检查空调制冷循环系统冷凝器、蒸发器； (3)更换空调制冷系统各组件（膨胀阀、冷凝器、储液干燥过滤器）	□各部件工作正常、安装牢固、无松动、无干涉、接头无渗漏 □冷凝器应通风、散热性能良好，翅片无倒覆、变形现象和无杂物、异物黏附、无磨穿、漏制冷剂现象 □根据厂家维修手册的指引更换空调制冷系统各组件
4.暖风控制水阀	拆装暖风控制水阀	□根据厂家维修手册的指引拆装暖风控制水阀
5.拆装鼓风机和通风装置	拆装鼓风机和通风装置	□根据厂家维修手册的指引拆装鼓风机和通风装置

任务评价

汽车电器检修质量检验与评定考核评分记录见表7-23。

汽车电器检修质量检验与评定考核评分记录表　　　　表7-23

类别	序号	项目	考核内容及要求	配分	评分标准（各项配分扣完为止）	得分
专业知识(20分)	1	蓄电池检修	正确描述蓄电池的结构、原理、技术状况检查方法、充电方法等	3	能回答问题，但回答不完整，按比例扣分；不能回答，扣3分	
	2	起动系统检修	正确描述起动机的结构、工作原理、检查方法及电路组成等	3	能回答问题，但回答不完整，按比例扣分；不能回答，扣3分	
	3	充电系统检修	正确描述发电机的结构、工作原理、检查方法及电路组成等	3	能回答问题，但回答不完整，按比例扣分；不能回答，扣3分	
	4	照明、信号及仪表系统检修	正确描述照明、信号及仪表的组成、工作原理、电路组成及元件检测方法等	3	能回答问题，但回答不完整，按比例扣分；不能回答，扣3分	
	5	辅助电气系统检修	正确描述辅助电气设备的组成、工作原理、检查及更换方法	4	能回答问题，但回答不完整，按比例扣分；不能回答，扣4分	
	6	空调系统检修	正确描述空调系统的组成、工作原理、电路组成及技术要求等	4	能回答问题，但回答不完整，按比例扣分；不能回答，扣4分	
操作技能(80分)	1	劳动用品穿戴	劳动用品穿戴齐全	5	穿戴不全，不得分	
	2	正确选用工具、设备、材料	选用工具、设备、材料齐全准确	5	缺一件，扣1分；选错一件，扣1分	
	3	准备	准备工作齐全	5	准备不充分，一次扣2.5分	
	4	蓄电池检修	检查蓄电池	5	方法错误，扣3分；未完成，扣3分	
		起动系统检修	检查起动机	5	方法错误，扣3分；未完成，扣3分	
		充电系统检修	检查发电机	10	方法错误，扣3分；未完成，扣3分	
		照明、信号及仪表系统检修	检查照明、信号及仪表系统	10	方法错误，扣3分；未完成，扣3分	
		辅助电气系统检修	检查辅助电气设备	10	方法错误，扣3分；未完成，扣3分	
		空调系统检修	检查空调系统	10	方法错误，扣3分；未完成，扣3分	
	5	正确使用工具、设备、材料	工具、设备使用正确	5	一种工具、设备、材料使用不正确，扣2分	
					损坏、丢失一件工具，不得分	
	6	操作规程	操作规程执行情况	5	违反操作规程，不得分	
	7	清理现场	清理并回收工具和设备	5	少收一件工具、设备，扣1分	
分数总计				100	最终得分	

考核员签字：_____　　　　　　　　　　　　　日期：_____年____月____日

任务2　汽车电器检修质量检验与评定(三级)

▶建议学时:6学时

一、知识要求

1. 能简述充电、起动系统单个故障诊断与排除及技术要求。
2. 能简述照明、信号及仪表系统单个故障诊断与排除及技术要求。
3. 能简述辅助电气系统单个故障诊断与排除及技术要求。
4. 能简述空调系统单个故障诊断与排除及技术要求。

二、技能要求

1. 能正确检验与评估电池故障维修质量。
2. 能正确检验与评估起动、充电系统故障维修质量。
3. 能正确检验与评估照明、信号及仪表系统故障维修质量。
4. 能正确检验与评估辅助电气系统、空调系统故障维修质量。

一、充电、起动系统单个故障诊断排除

在对充电、起动系统单个故障诊断排除时,需要对充电系统及起动系统故障诊断方法等知识有一定的了解。相关知识要求及技术要求见表7-24。

充电、起动系统单个故障诊断排除相关要求　　表7-24

工作内容	相关知识要求	相关技术要求
1. 充电系统故障诊断方法	(1)充电系统故障现象判断方法; (2)故障诊断仪读取故障码方法; (3)阅读充电系统电路图、分析电路原理的方法; (4)分析故障的原因的方法; (5)操作万用表检测充电系统电路并排除故障的方法	(1)充电系统各电器元件齐全,性能良好; (2)充电系统线束及元器件安装牢固,线束完好; (3)发电机输出电压及电流符合厂家规定
2. 起动系统故障诊断方法	(1)起动系统故障现象判断的方法; (2)故障诊断仪读取故障码的方法; (3)阅读起动系统电路图、分析电路原理的方法; (4)分析故障的原因的方法; (5)操作万用表检测起动系统电路、并排除故障的方法	(1)起动系统各电器元件齐全,性能良好; (2)起动系统线束及元器件安装牢固,线束完好; (3)起动机起动电压及电流符合厂家规定

二、照明、信号及仪表系统单个故障诊断排除

在对照明、信号及仪表系统单个故障诊断排除时,需要对照明、信号及仪表系统故障诊断方法等知识有一定的了解。相关要求见表7-25。

照明、信号及仪表系统单个故障诊断排除相关知识要求及技术要求　　　表7-25

工作内容	相关知识要求	相关技术要求
1. 照明系统故障诊断方法	(1)检查蓄电池电压的方法; (2)检查CAN通信系统的方法; (3)检查DTC的方法; (4)查看故障症状表,分析故障原因的方法; (5)电路检查的方法	(1)照明系统各电器元件齐全,性能良好; (2)照明系统线束及元器件安装牢固,线束完好; (3)照明系统线路电压符合厂家规定
2. 信号系统故障诊断方法	(1)检查蓄电池电压的方法; (2)检查CAN通信系统的方法; (3)检查DTC的方法; (4)查看故障症状表,分析故障原因的方法; (5)电路检查的方法	(1)信号系统各电器元件齐全,性能良好; (2)信号系统线束及元器件安装牢固,线束完好; (3)信号系统线路电压符合厂家规定
3. 仪表系统故障诊断方法	(1)检查CAN通信系统的方法; (2)故障症状确认的方法; (3)故障模拟的方法; (4)查看故障症状表,分析故障原因的方法; (5)电路检查的方法	(1)仪表系统各电器元件齐全,性能良好; (2)仪表系统线束及元器件安装牢固,线束完好; (3)仪表系统线路电压符合厂家规定

三、辅助电气系统单个故障诊断排除

在对辅助电气系统单个故障诊断排除时,需要对辅助电气系统故障诊断方法等知识有一定的了解。相关要求见表7-26。

辅助电气系统单个故障诊断排除相关知识要求及技术要求　　　表7-26

工作内容	相关知识要求	相关技术要求
1. 音响娱乐系统检修、更换方法	(1)检查蓄电池电压的方法; (2)查看故障症状表、分析故障原因的方法; (3)故障排除的方法; (4)调整、维修或更换的方法; (5)确认测试的方法	(1)音响娱乐系统各电器元件齐全,性能良好; (2)音响娱乐系统线束及元器件安装牢固,线束完好; (3)音响娱乐系统工作正常
2. 电动座椅系统故障诊断方法	(1)操作电动座椅开关,确认故障现象的方法; (2)阅读电动座椅系统电路图、分析电路原理的方法; (3)初步判断故障原因的方法; (4)结合厂家维修手册的检测步骤及技术标准对电动座椅系统蓄电池电源、熔断丝、继电器、中继线连接器、搭铁点、线束、座椅开关、座椅电机等进行检测的方法; (5)排除故障并进行功能确认的方法	(1)电动座椅系统各电器元件齐全,性能良好; (2)电动座椅系统线束及元器件安装牢固,线束完好; (3)电动座椅系统线路电压符合厂家规定

续上表

工作内容	相关知识要求	相关技术要求
3.电动后视镜系统故障诊断方法	(1)操作电动后视镜开关,确认故障现象的方法; (2)阅读电动后视镜系统电路图、分析电路原理的方法; (3)初步判断故障原因的方法; (4)结合厂家维修手册的检测步骤及技术标准对电动后视镜系统蓄电池、熔断丝、中继线连接器、搭铁点、线束、后视镜开关、后视镜电机等进行检测的方法; (5)排除故障并进行功能确认的方法	(1)电动后视镜系统各电器元件齐全,性能良好; (2)电动后视镜系统线束及元器件安装牢固,线束完好; (3)电动后视镜系统线路电压符合厂家规定
4.中控门锁系统故障诊断方法	(1)检查蓄电池电压的方法; (2)查看故障症状表的方法; (3)总体分析和故障排除的方法; (4)维修或更换的方法; (5)确认测试的方法	(1)中控门锁系统各电器元件齐全,性能良好; (2)中控门锁系统线束及元器件安装牢固,线束完好; (3)中控门锁系统线路电压符合厂家规定
5.刮水器系统故障诊断方法	(1)检查蓄电池电压的方法; (2)故障症状确认的方法; (3)症状模拟的方法; (4)查看故障症状表的方法; (5)电路检查的方法; (6)识别ECU端子的方法; (7)故障识别的方法; (8)维修或更换的方法; (9)确认测试的方法	(1)刮水器系统各电器元件齐全,性能良好; (2)刮水器系统线束及元器件安装牢固,线束完好; (3)刮水器系统线路电压符合厂家规定
6.电动车窗系统故障诊断方法	(1)检查蓄电池电压的方法; (2)检查DTC的方法; (3)查看故障症状表的方法; (4)总体分析和故障排除的方法	(1)电动车窗系统各电器元件齐全,性能良好; (2)电动车窗系统线束及元器件安装牢固,线束完好; (3)电动车窗系统线路电压符合厂家规定
7.安全气囊系统故障诊断方法	(1)检查CAN通信系统的方法; (2)SRS警告灯检查的方法; (3)检查DTC的方法; (4)查看诊断故障码表的方法; (5)症状模拟的方法; (6)查看故障症状表的方法; (7)电路检查的方法; (8)故障识别的方法; (9)维修或更换的方法; (10)确认测试的方法	(1)安全气囊系统各电器元件齐全,性能良好; (2)安全气囊系统线束及元器件安装牢固,线束完好; (3)安全气囊系统线路电压符合厂家规定

四、空调系统单个故障诊断排除

在对汽车空调系统单个故障诊断排除时,需要对汽车空调系统故障诊断方法等知识有一定的了解。相关知识要求及技术要求见表 7-27。

汽车空调系统单个故障诊断排除相关要求　　表 7-27

工作内容	相关知识要求	相关技术要求
1. 汽车空调制冷循环系统故障诊断方法	(1) 根据厂家维修手册的指引及技术标准,使用歧管压力表对汽车空调制冷循环系统进行故障诊断的方法; (2) 使用卤素检漏灯、电子检漏仪、肥皂水、荧光剂检漏等方法对汽车空调制冷循环系统进行故障诊断的方法; (3) 根据厂家维修手册的指引及技术标准,使用真空泵对汽车空调制冷循环系统进行故障诊断的方法	(1) 汽车空调制冷循环系统各电器元件齐全、性能良好; (2) 汽车空调制冷循环系统线束及元器件安装牢固,线束完好; (3) 汽车空调制冷循环系统管路及接头无破损、无泄漏
2. 自动空调系统电路故障诊断方法	(1) 检查蓄电池电压的方法; (2) 检查 CAN 通信系统功能的方法; (3) 检查 DTC 的方法; (4) 查看故障症状表的方法; (5) 总体分析和故障排除的方法; (6) 调整、维修或更换的方法	(1) 自动空调系统各电器元件齐全、性能良好; (2) 自动空调系统线束及元器件安装牢固、线束完好; (3) 自动空调系统线路电压符合厂家规定
3. 手动空调系统电路故障诊断方法	(1) 检查蓄电池电压的方法; (2) 检查 CAN 通信系统的功能的方法; (3) 检查 DTC 的方法; (4) 查看故障症状表的方法; (5) 总体分析和故障排除的方法; (6) 调整、维修或更换的方法	(1) 手动空调系统各电器元件齐全、性能良好; (2) 手动空调系统线束及元器件安装牢固、线束完好; (3) 手动空调系统线路电压符合厂家规定
4. 空调取暖和通风系统故障诊断方法	(1) 确认故障现象的方法; (2) 检查 DTC 的方法; (3) 确认空调系统内外循环通风情况的方法; (4) 操纵空调出风口模式切换开关、确认空调通风系统情况的方法	(1) 空调取暖和通风系统各电器元件齐全,性能良好; (2) 空调取暖和通风系统线束及元器件安装牢固,线束完好; (3) 空调取暖和通风系统工作正常

任务实施

一、实训资源

(1) 实训场地:汽车整车实训工位 1 个。
(2) 实训设备:轿车 1 辆。
(3) 工具耗材与设备:汽车维修工具 1 套,歧管压力表 1 个,故障诊断仪 1 个,数字式万用表 1 个,汽车车内车外防护用品 1 套。

二、安全注意事项

(1)操作人员应穿着工作服和工作鞋,必要时佩戴护目镜、耳塞和口罩。
(2)使用电动设备,应严格按照其额定电压、频率提供电源。
(3)起动车辆前需要进行安全检查,并进行提醒。

三、操作过程

(一)充电、起动系统单个故障诊断排除

1.充电系统单个故障诊断排除

下面以充电系统单个故障现象为例进行故障诊断与排除。详细操作方法及说明见表7-28。

充电系统单个故障诊断排除操作方法及说明　　　表7-28

步骤	操作方法及说明	质量标准及记录
诊断排除充电系统单个故障	(1)检查蓄电池状况; (2)检查蓄电池端子; (3)检查熔断丝; (4)检查多楔带; (5)目视检查发电机配线; (6)注意发电机是否有异响; (7)检查充电警告灯电路; (8)检查不带负载的充电电路; (9)检查带负载的充电电路	□标准密度,在20℃(68℉)时为1.25~1.29kg/m³ □未松动或未被腐蚀 □标准电阻小于1Ω □无磨损、破裂和其他损坏痕迹,安装正确 □发电机配线安装情况良好 □发电机没有异响 □点火开关置于"ON"位置充电警告灯点亮,起动发动机充电警告熄灭 □标准电流:10A或更小,标准电压:13.2~14.8V □发动机转速在2000r/min,标准电流为30A或更大

2.起动系统单个故障诊断排除

下面对起动系统单个故障进行故障诊断与排除,详细操作方法及说明见表7-29。

起动系统单个故障诊断排除操作方法及说明　　　表7-29

步骤	操作方法及说明	质量标准及记录
诊断排除起动系统单个故障	(1)检查蓄电池电压; (2)检查起动系统CAN通信系统的通信功能; (3)检查起动系统DTC; (4)检查基本操作; (5)根据检查基本操作,发动机不能正常起动,则查询故障症状表; (6)总体分析和故障排除; (7)维修或更换; (8)确认测试	□标准电压11~14V □若未输出CAN通信系统DTC,检查DTC;若输出CAN通信系统DTC,转至CAN通信系统 □若DTC不再出现,检查基本操作;若DTC再次出现,转至诊断故障码表;若故障未在故障症状表中列出,转至步骤(6);若故障在故障症状表中列出,转至步骤(7) □查询ECU端子,进行测量,查询数据表,进行主动测试 □根据维修手册指引进行维修或更换

(二)照明、信号及仪表系统单个故障诊断排除

1.照明系统单个故障诊断排除

下面以照明系统单个故障为例进行故障诊断与排除,详细操作方法及说明见表7-30。

照明系统单个故障诊断排除操作方法及说明　　　　表7-30

步骤	操作方法及说明	质量标准及记录
诊断排除照明系统单个故障	(1)检查蓄电池电压； (2)检查照明系统 CAN 通信系统的通信功能； (3)检查照明系统 DTC； (4)未输出 DTC,则查询故障症状表； (5)总体分析和故障排除； (6)调整、维修或更换； (7)确认测试	□标准电压 11~14V □未输出 CAN 通信系统 DTC,检查 DTC；若输出 CAN 通信系统 DTC,转至 CAN 通信系统 □若未输出 DTC,查询故障症状表,若输出 DTC,转至步骤(6)。若故障未列于故障症状表中,转至步骤(5)；若故障在故障症状表中列出,转至步骤(6) □查询 ECU 端子,进行测量,查询数据表,进行主动测试 □根据维修手册指引进行维修或更换

2. 信号系统单个故障诊断排除

下面以信号系统单个故障为例进行故障诊断与排除,详细操作方法及说明见表7-31。

信号系统单个故障诊断排除操作方法及说明　　　　表7-31

步骤	操作方法及说明	质量标准及记录
诊断排除信号系统单个故障	(1)检查蓄电池电压； (2)检查信号系统 CAN 通信系统的通信功能； (3)检查信号系统 DTC； (4)若未输出 DTC,则查询故障症状表； (5)总体分析和故障排除； (6)调整、维修或更换； (7)确认测试	□标准电压 11~14V □若未输出 CAN 通信系统 DTC,检查 DTC；若输出 CAN 通信系统 DTC,转至 CAN 通信系统；若未输出 DTC,查询故障症状表；若输出 DTC,转至步骤(6)。若故障未列于故障症状表中,转至步骤(5)；若故障在故障症状表中列出,转至步骤(6) □查询 ECU 端子,进行测量,查询数据表,进行主动测试 □根据维修手册指引进行维修或更换

3. 仪表系统单个故障诊断排除

下面以仪表系统单个故障为例进行故障诊断与排除,详细操作方法及说明见表7-32。

仪表系统单个故障诊断排除操作方法及说明　　　　表7-32

步骤	操作方法及说明	质量标准及记录
诊断排除仪表系统单个故障	(1)检查仪表系统 CAN 通信系统,检查是否输出 CAN 通信 DTC； (2)故障症状确认； (3)进行故障模拟； (4)查询故障症状表； (5)电路检查； (6)维修或更换； (7)确认测试	□若未输出 CAN DTC,故障症状确认；若输出 CAN DTC,转至 CAN 通信系统 □根据现象确认故障症状 □模拟故障现象 □查阅维修手册故障症状表 □根据维修手册进行检查或测量 □根据维修手册进行维修或更换

(三)辅助电气系统单个故障诊断排除

1. 音响娱乐系统单个故障诊断排除

下面以音响娱乐系统单个故障为例进行故障诊断与排除,详细操作方法及说明见表7-33。

音响娱乐系统单个故障诊断排除操作方法及说明　　　　　　表7-33

步骤	操作方法及说明	质量标准及记录
诊断排除音响娱乐系统单个故障	(1)检查蓄电池电压; (2)查询故障症状表; (3)总体分析和故障排除; (4)调整、维修或更换; (5)确认测试	□标准电压11～14V □若故障未列于故障症状表中,转至步骤(3);若故障在故障症状表中列,转至步骤(4) □查询ECU端子,进行测量 □根据维修手册指引进行维修或更换

2. 电动座椅系统单个故障诊断排除

下面以电动座椅不工作(滑动、说明升降、靠背倾角调节)这一故障为例进行故障诊断与排除,详细操作方法及说明见表7-34。

电动座椅不工作故障诊断排除操作方法及说明　　　　　　表7-34

步骤	操作方法及说明	质量标准及记录
诊断排除电动座椅不工作故障	(1)检查DTC; (2)检查P/SEAT熔断丝; (3)检查电动座椅开关; (4)检查线束或连接器	□DTC:_____ □熔断丝正常 □测量值符合厂家规定 □测量线束及连接器断路及搭铁,数值符合厂家维修手册规定

3. 后视镜系统单个故障诊断排除

下面以后视镜不工作这一故障为例进行故障诊断与排除,详细操作方法及说明见表7-35。

后视镜不工作故障诊断排除操作方法及说明　　　　　　表7-35

步骤	操作方法及说明	质量标准及记录
诊断排除后视镜不工作故障	(1)检查DTC; (2)检查ACC熔断丝; (3)检查车外后视镜开关; (4)检查车外后视镜电机; (5)检查线束或连接器	□DTC:_____ □熔断丝正常 □测量值符合厂家维修手册规定 □测量值符合厂家维修手册规定 □测量线束及连接器断路及搭铁,数值符合厂家维修手册规定

4. 中控门锁系统单个故障诊断排除

下面以中控门锁系统单个故障为例进行故障诊断与排除,详细操作方法及说明见

表7-36。

中控门锁系统单个故障诊断排除操作方法及说明 表7-36

步骤	操作方法及说明	质量标准及记录
诊断排除中控门锁系统单个故障	(1)检查蓄电池电压； (2)查询故障症状表； (3)总体分析和故障排除； (4)维修或更换； (5)确认测试	□标准电压11~14V； □若故障未列于故障症状表中,总体分析转至步骤(3);若故障在故障症状表中列,转至步骤(4) □查询ECU端子,查询数据表,进行测量比对,并进行主动测试 □根据维修手册指引进行中控门锁系统维修或更换

5. 刮水器系统单个故障诊断排除

下面以刮水器系统单个故障为例进行故障诊断与排除,详细操作方法及说明见表7-37。

刮水器系统单个故障诊断排除操作方法及说明 表7-37

步骤	操作方法及说明	质量标准及记录
诊断排除刮水器系统单个故障	(1)检查蓄电池电压； (2)刮水器系统故障症状确认； (3)刮水器系统症状模拟； (4)症状未出现,查询故障症状表； (5)电路检查； (6)查询ECU端子号； (7)故障识别； (8)维修或更换； (9)确认测试	□标准电压11~14V □若症状出现,转至步骤(5);若症状未出现,进行症状模拟 □根据症状,进行电路检查,若故障未排除,转至步骤(2) □查询手册,确认故障症状表 □根据维修手册,进行电路检查 □查询ECU端子,识别端子号 □根据维修手册,识别故障 □根据维修手册指引进行刮水器系统维修或更换

6. 电动车窗系统单个故障诊断排除

下面以电动车窗系统单个故障为例进行故障诊断与排除,详细操作方法及说明见表7-38。

电动车窗系统单个故障诊断排除操作方法及说明 表7-38

步骤	操作方法及说明	质量标准及记录
诊断排除电动车窗系统单个故障	(1)检查蓄电池电压； (2)检查电动车窗系统是否有DTC； (3)未输出DTC,则查故障症状表； (4)总体分析和故障排除； (5)调整、维修或更换； (6)重置电动车窗电动机	□标准电压11~14V □若未输出DTC,查询故障症状表;若输出DTC,转至诊断故障码表 □若故障未列于故障症状表中,转至步骤(4);若故障在故障症状表中列,转至步骤(5) □查询ECU端子,进行电路检查及测量,查询数据表,进行主动测试 □根据维修手册指引进行电动车窗系统维修或更换 □初始化电动车窗控制系统

7. 安全气囊系统单个故障诊断排除

下面以安全气囊系统单个故障为例进行故障诊断与排除,详细操作方法及说明见表7-39。

中央气囊传感器总成故障诊断排除操作方法及说明　　　　　表7-39

步骤	操作方法及说明	质量标准及记录
诊断排除安全气囊系统单个故障	(1)检查安全气囊系统CAN通信系统; (2)SRS警告灯检查; (3)检查安全气囊系统DTC; (4)查询诊断故障码表; (5)症状模拟; (6)查询故障症状表; (7)电路检查; (8)故障识别; (9)维修或更换; (10)确认测试	□若未输出CAN通信DTC,SRS警告灯检查;若输出CAN通信DTC,检查CAN通信电路 □转至诊断系统,若输出DTC,查询诊断故障码表;若未输出DTC,转至步骤(4) □查阅维修手册,确认诊断故障码表,转至步骤(6) □转至诊断系统,进行症状模拟 □查阅维修手册,确认故障症状表 □根据维修手册,进行电路检查 □根据维修手册,识别故障 □根据维修手册指引进行安全气囊系统维修或更换

(四)空调系统单个故障诊断排除

1. 汽车空调制冷循环系统故障单个故障诊断排除

下面以空调制冷系统故障为例进行故障诊断与排除,详细操作方法及说明见表7-40。

空调制冷系统故障诊断排除操作方法及说明　　　　　表7-40

步骤	操作方法及说明	质量标准及记录
诊断排除空调制冷系统故障	(1)能通过制冷剂观察窗,检查制冷剂量是否正常; (2)使用歧管压力表检查空调系统高低压侧压力; (3)使用制冷剂泄漏检测仪,检测制冷系统是否存在泄漏; (4)使用真空泵检查空调系统管路	□制冷剂量符合规定 □高压侧压力测量值:＿＿＿＿ □低压侧压力测量值:＿＿＿＿ □厂家规定值 高压侧压力:＿＿＿＿ 低压侧压力:＿＿＿＿ □系统无泄漏 □系统压力值:＿＿＿＿ □厂家规定压力值:＿＿＿＿

2. 自动空调系统电路单个故障诊断排除

下面以自动空调系统电路单个故障为例进行故障诊断与排除,详细操作方法及说明见表7-41。

自动空调系统电路单个故障诊断排除操作方法及说明　　　　表7-41

步骤	操作方法及说明	质量标准及记录
诊断排除自动空调系统电路单个故障	(1)检查蓄电池电压； (2)检查自动空调系统CAN通信系统的通信功能； (3)检查自动空调系统DTC； (4)未输出DTC,则查询故障症状表； (5)总体分析和故障排除； (6)调整、维修或更换	□标准电压11~14V □若未输出CAN DTC,检查DTC；若输出CAN DTC,转至CAN通信系统；若未输出DTC,查询故障症状表；若输出DTC,转至步骤(6) □若故障未列于故障症状表中,转至步骤(5)；若故障在故障症状表中列出,转至步骤(6) □查询ECU端子及数据表,进行执行器检查、车上检查,进行主动测试 □根据维修手册指引进行自动空调系统维修或更换

3.手动空调系统电路单个故障诊断排除

下面以手动空调系统电路单个故障为例进行故障诊断与排除,详细操作方法及说明见表7-42。

手动空调系统电路单个故障诊断排除操作方法及说明　　　　表7-42

步骤	操作方法及说明	质量标准及记录
诊断排除手动空调系统电路单个故障	(1)检查蓄电池电压； (2)检查手动空调系统CAN通信系统的通信功能； (3)检查手动空调系统DTC； (4)未输出DTC,则查询故障症状表； (5)总体分析和故障排除； (6)调整、维修或更换	□标准电压11~14V □若未输出CAN DTC,检查DTC；输出CAN DTC,转至CAN通信系统；若未输出DTC,查询故障症状表；若输出DTC,转至步骤(6) □若故障未列于故障症状表中,转至步骤(5)；若故障在故障症状表中列出,转至步骤(6) □查询ECU端子及数据表,进行检查测量及车上检查,进行主动测试 □根据维修手册指引进行手动空调系统维修或更换

4.空调取暖和通风系统单个故障诊断排除

下面以空调取暖和通风系统单个故障为例进行故障诊断与排除,详细操作方法及说明见表7-43。

空调取暖和通风系统单个故障诊断排除操作方法及说明　　　　表7-43

步骤	操作方法及说明	质量标准及记录
诊断排除空调取暖和通风系统单个故障	(1)检查蓄电池电压； (2)检查CAN通信系统的通信功能； (3)检查DTC； (4)未输出DTC,则查询故障症状表； (5)总体分析和故障排除； (6)调整、维修或更换	□标准电压11~14V □若未输出CAN DTC,检查DTC；若输出CAN DTC,转至CAN通信系统；若未输出DTC,查询故障症状表；若输出DTC,转至步骤(6) □若故障未列于故障症状表中,则继续进行总体分析和故障排除,查询ECU端子及数据表,进行执行器检查、车上检查和主动测试等 若故障在故障症状表中列出,转至步骤(6),根据可疑部位进行逐项、依次检查 □根据维修手册指引进行空调取暖和通风系统维修或更换

任务评价

汽车电器检修质量检验与评定考核评分记录见表7-44。

汽车电器维修质量检验与评定考核评分记录表　　　表7-44

类别	序号	项目	考核内容及要求	配分	评分标准（各项配分扣完为止）	得分
专业知识（20分）	1	充电、起动系统单个故障诊断排除	正确描述蓄充电、起动系统故障诊断方法	5	能回答问题，但回答不完整，按比例扣分；不能回答，扣5分	
	2	照明、信号及仪表系统单个故障诊断排除	正确描述照明、信号及仪表系统故障诊断方法	5	能回答问题，但回答不完整，按比例扣分；不能回答，扣5分	
	3	辅助电气系统单个故障诊断排除	正确描述辅助电气系统故障诊断方法	5	能回答问题，但回答不完整，按比例扣分；不能回答，扣5分	
	4	空调系统单个故障诊断排除	正确描述空调系统故障诊断方法	5	能回答问题，但回答不完整，按比例扣分；不能回答，扣5分	
操作技能（80分）	1	劳保用品穿戴	劳保用品穿戴齐全	5	穿戴不全，不得分	
	2	正确选用工具、设备、材料	选用工具、设备、材料齐全准确	5	缺一件，扣1分，选错一件，扣1分	
	3	准备	准备工作齐全	5	准备不充分一次，扣2.5分	
	4	充电、起动系统单个故障诊断排除	诊断排除充电、起动系统故障	10	方法错误，扣5分；未完成，扣5分	
		照明、信号及仪表系统单个故障诊断排除	诊断排除照明、信号及仪表系统故障	10	方法错误，扣5分；未完成，扣5分	
		辅助电气系统单个故障诊断排除	诊断排除辅助电气系统故障	15	方法错误，扣5分；未完成，扣5分	
		空调系统单个故障诊断排除	诊断排除空调系统故障	15	方法错误，扣5分；未完成，扣5分	
	5	正确使用工具、设备、材料	工具、设备使用正确	5	一种工具、设备、材料使用不正确，扣2分	
					损坏、丢失一件工具，不得分	
	6	操作规程	操作规程执行情况	5	违反操作规程，不得分	
	7	清理现场	清理并回收工具和设备	5	少收一件工具、设备，扣1分	
		分数总计		100	最终得分	

考核员签字：_____　　　　　　　　　　　日期：_____年____月____日

模 拟 试 题

汽车维修检验工技能等级认定四级
理论知识试卷(样卷)

注 意 事 项

1. 考试时间:90 分钟。
2. 请首先按要求在试卷的标封处填写您的姓名、准考证号和所在单位的名称。
3. 请仔细阅读各种题目的回答要求,在规定的位置填写您的答案。
4. 不要在试卷上乱写乱画,不要在标封区填写无关的内容。

题 号	一	二	总 分
得 分			

得 分	
评分人	

一、判断题(第 1~20 题。请将判断结果填入括号中,正确的填"√",错误的填"×"。每题 1 分,共 20 分)

(　　)1. 爱岗敬业,就是要求维修从业人员严守岗位、尽心尽责、注重务实、兢兢业业地干好汽车维修岗位的本职工作。

(　　)2. 维修质量检验结论要力求公正、准确、合理、适当,维护消费者的合法权益,维护企业的声誉。

(　　)3. 汽车维护的目的在于及时消除故障,恢复车辆的技术性能。

(　　)4. 汽车二级维护检验按流程可分为进厂检验、过程检验和竣工检验。

(　　)5. 扭矩扳手是用于紧固螺栓和螺母等螺纹连接件,并能测出拧紧时的扭矩值。

(　　)6. 钢直尺、游标卡尺和千分尺都可以测量外径,没什么区别。

(　　)7. 曲轴箱通风装置要求管路及阀体外观无损坏、密封良好、连接可靠,装置畅通无堵塞。

(　　)8. 冷却装置的散热器及管路应该固定可靠,无变形、堵塞、破损及渗漏。

(　　)9. 进气歧管真空度还与测量地点的海拔高度有关,海拔越高,进气歧管真空度越低。

(　　)10. 可以用钢丝刷来清洁汽缸垫表面和铝制的汽缸盖。

(　　)11. 用手转动涡轮增压器转子,应感觉转子转动灵活,无碰擦感觉,若不灵活可涂抹适量润滑脂进行润滑,接着使用。

（　　）12. 对动力蓄电池的维护主要是外观检查和 SOC 校准。

（　　）13. 电机的维护项目只有绝缘检测和外观、紧固检查。

（　　）14. 悬架是汽车底盘中行驶系统的一部分。

（　　）15. 检查主减速器装配情况时,各部位螺纹孔的损伤不得超过 5 牙。

（　　）16. 检查电动助力转向系统时,转向横拉杆与转向节应连接牢固,无松旷,润滑良好。

（　　）17. 如果在运转过程中断开点火开关,刮水器能自动复位。

（　　）18. 电动车窗主要由车窗电动机、驱动机构及车窗升降器、开关等装置组成。

（　　）19. 汽车空调制冷系统主要由压缩机、制冷剂、冷凝器、蒸发器和液压调节器组成。

（　　）20. 远光前照灯打开时,示廓灯也是亮的。

得　分	
评分人	

二、单项选择题(第 1～80 题。请选择一个正确答案,将相应字母填入括号内。每题 1 分,共 80 分)

1. 《机动车维修管理规定》明确了机动车维修经营者在机动车维修质量管理中的主要职责。下列哪项不属于该规定中对机动车维修经营者在机动车维修质量管理中的有关要求？（　　）

　　A. 建立机动车维修档案

　　B. 实施竣工出厂质量保证期制度

　　C. 汽车维修检验工管理要求

　　D. 建立机动车维修经营者和从业人员黑名单制度

2. 以下哪项与汽车维修质量管理制度无关？（　　）

　　A. 汽车维修质量检验制度　　　　B. 汽车维修"三检"制度

　　C. 汽车维修档案制度　　　　　　D. 质量保证期制度

3. 以下哪项属于汽车维修质量管理标准体系的划分？（　　）

　　A. 国家标准　　B. 行业标准　　C. 地方标准　　D. 以上选项都对

4. 以下哪项不是汽车维修质量管理中的国家标准？（　　）

　　A. 《汽车维护、检测、诊断技术规范》

　　B. 《机动车维修服务规范》

　　C. 《汽车维修质量检查评定办法》

　　D. 《机动车维修从业人员从业资格条件》

5. 下列哪项不属于汽车维修标准的类型？（　　）

　　A. 汽车维修质量管理标准　　　　B. 技术标准

　　C. 管理标准　　　　　　　　　　D. 工作(服务)标准

6. 下列哪项不属于汽车维修的技术标准？（　　）

　　A. 《汽车空调制冷剂回收、净化、加注设备》

B.《汽车维修电子健康档案系统》

C.《汽车动力性台架试验方法和评价指标》

D.《汽车空调制冷剂回收、净化、加注工艺规范》

7. 下列哪项不属于汽车维修质量"三检制度"内容？（   ）

  A. 自检   B. 互检   C. 专职检验   D. 零件分类检验

8. 以下哪项不属于汽车维修工职业道德要求？（   ）

  A. 爱岗敬业 B. 诚实守信 C. 服务百姓 D. 见义勇为

9. 关于套筒及配套工具，以下哪些行为是正确的？（   ）

  A. 选择套筒的规格时，大一点小一点没太大关系，只要能拆装螺栓或螺母就行

  B. 在紧固螺栓或螺母时，在条件允许的情况下，可优先选用套筒工具，因为套筒在所有工具中，对螺栓或螺母的接触最充分、保护最好

  C. 当扭矩较大时，可以使用加长杆或套管对扳手力臂进行延长

  D. 拆卸时向外推动扳手，拧紧时向内拉动扳手

10. 以下哪个工具可以用于螺栓螺母的最终紧固？（   ）

  A. 梅花扳手 B. 开口扳手 C. 扭矩扳手 D. 气动工具

11. 拆卸高压部件上的螺钉，应选用（   ）。

  A. 普通螺丝刀 B. 绝缘螺丝刀 C. 冲击螺丝刀 D. 组合螺丝刀

12. 关于使用钳类工具的叙述，说法正确的有：（   ）。

  A. 尖嘴钳适合在狭窄的空间内夹持小零件，也可以用于剪断导线

  B. 使用钳类工具剪切线材时，为防止飞出的材料伤人，断头端应朝地下、作业者应戴上护目镜

  C. 普通钳类工具可以用于高压部件的维修

  D. 使用剥线钳时，不需要根据导线粗细选择钳口大小

13. 以下使用敲击工具注意事项中，错误的是（   ）。

  A. 使用锤子前应检查手柄是否松动

  B. 锤子的手柄能当作撬棒使用

  C. 应根据使用场合和被击打部件选择适当类型的锤子

  D. 在敲击作业回转直径范围内，不得有其他人员作业或观摩

14. 以下哪项不是机油回收器和滤清器扳手的使用注意事项？（   ）

  A. 在使用机油回收器前须检查机油回收器储油桶内的油量，确保桶内剩余空间

  B. 排放机油时应注意油温，油温过高会导致烫伤

  C. 排放机油时需留意接油盘的位置，应根据机油落点适当调整

  D. 滤清器扳手上沾有油污不影响使用

15. 下列哪些行为不会造成游标卡尺读数误差？（   ）

  A. 用游标卡尺代替锤子，轻轻敲击工件

  B. 测量前清洁测量爪

  C. 用大力按压副尺，使测量爪紧贴被测表面

  D. 眼睛与卡尺之间成随意角度进行读数

16. 以下使用万用表规范中,描述错误的是( )。
    A. 仪器存在破损时,请勿使用;使用前应检查外壳,尤其注意连接器周围的绝缘
    B. 切勿在端子之间或端子与地之间施加超过仪表上所标示的额定电压
    C. 在测试30VAC有效值、42VAC峰值或60VDC以上电压时,应佩戴好绝缘手套,防止电击危险
    D. 使用表笔时,应把手指置于表笔的金属探针上

17. 下列哪项不是发电机和起动机检查项目的技术要求?( )
    A. 外表清洁   B. 导线接头无松动
    C. 运转无异响   D. 运转无大噪声即可

18. 下列哪项不是冷却装置检测的内容?( )
    A. 检查散热器   B. 冷却液   C. 油箱   D. 管路密封

19. 下列哪项不是盘式制动器的检验内容?( )
    A. 检查制动摩擦片和制动盘磨损量   B. 检查制动摩擦片与制动盘间的间隙
    C. 检查密封件   D. 检查制动踏板

20. 下列哪项不是减振器的检验技术要求?( )
    A. 减振器稳固有效   B. 无漏油现象
    C. 橡胶垫无松动   D. 空气弹簧无泄漏、外观无损伤

21. 下列哪项不是悬架检验技术要求?( )
    A. 空气弹簧无泄漏、外观无损伤   B. 钢板弹簧无断片、缺片、移位和变形
    C. 各部件连接可靠   D. 减振器稳固有效

22. 下面哪项不是转向机构项目检验项目的技术要求?( )
    A. 转向节臂、转向器摇臂及横直拉杆无变形、裂纹和拼焊现象
    B. 球销无裂纹、不松旷
    C. 转向器无裂损、无漏油现象
    D. 离合器接合平稳

23. 下列哪一项不是离合器检验项目的技术要求?( )
    A. 离合器接合平稳   B. 分离彻底,操作轻便
    C. 无异响、打滑、抖   D. 可以有小异响

24. 下列哪项不是车架和车身检验项目的内容?( )
    A. 检查车架和车身   B. 检查车门启闭和锁止
    C. 检查车窗启闭和锁止   D. 检查传动轴及万向节

25. 用汽缸压力表测试汽缸压力时,用启动机转动曲轴大约( )s。
    A. 1~2   B. 2~3   C. 1~3   D. 3~5

26. 检测汽缸漏气量时,将被测汽缸的进、排气门置于( )的上止点位置,以0.8MPa的压力向该缸连续充气,利用汽缸漏气量测试仪测定其压力能否达到规定值。
    A. 进气行程   B. 压缩行程   C. 做功行程   D. 排气行程

27. 发动机异响主要有:机械异响、( )异响、空气动力异响和电磁异响。
    A. 进气   B. 排气   C. 风扇   D. 燃烧

28. 汽缸漏气分析仪是用于检测汽车发动机的( )是否在允许范围以内。
    A.动力性   B.汽缸密封性   C.经济性   D.功率

29. 发动机工作时发出一种沉重的闷击声,且发动机有振动,在断火检查时响声无明显降低,这种现象可能是由于( )引起的。
    A.气门敲击声   B.连杆轴承敲击声
    C.曲轴主轴承敲击声   D.活塞敲击声

30. 用燃油压力表检测汽油机燃油压力时,拆开燃油压力调节器上的真空软管,系统压力会( )。
    A.上升到最大值 B.保持不变 C.下降至150kPa D.以上情况都会发生

31. 检查汽缸体内部有无裂纹,应采取( )方法检查。
    A.敲击法检查   B.磁力探伤法检查
    C.水压试验检查   D.气压试验检查

32. 发动机缸套镗削后,还必须进行( )。
    A.光磨   B.珩磨   C.研磨   D.铰磨

33. 检测凸轮轴凸轮和轴颈的磨损时,都是采用( )进行测量,不符合标准值直接更换凸轮轴。
    A.千分尺   B.直尺   C.游标卡尺   D.钢角尺

34. 使用游标卡尺测量气门弹簧的自由长度,用钢角尺测量气门弹簧的偏移量。当测量值不符合要求时,采取的措施是( )。
    A.直接更换   B.继续使用,没有影响
    C.游标卡尺   D.钢角尺

35. 使用精密直尺和测隙规,在测量汽缸体和歧管接触面的翘曲度时,若翘曲度大于最大值,此时应( )。
    A.更换汽缸盖   B.镗削后继续使用
    C.无须处理   D.打上密封胶继续使用

36. 点火系统电路检测时,除了( )不用检测,其余所有的检测结果都应对照标准值,不符合要求应更换或检查故障。
    A.火花塞   B.点火线圈电路   C.ECM电路   D.蓄电池

37. 冷却风扇工作状况检查时,应检查的项目不包含( )。
    A.检测冷却风扇电动机   B.检测冷却风扇的启动温度
    C.检测冷却风扇的停转温度 D.冷却风扇的电阻

38. 检测进气歧管的真空度,应让发动机处于怠速运转时,拔下进气歧管上一根真空管,下列说法不恰当的是( )。
    A.在正常情况下,应该感觉吸力很大
    B.若吸力很小,则排气系统可能有堵塞
    C.气门密封不良时会造成怠速时真空不稳
    D.点火正时或气门开启过早对真空无影响

39. 在正常工作温度下,汽缸压缩压力应符合原设计规定;汽缸压力差,汽油机应不超过

各缸平均压力的( )。
    A.5%   B.7%   C.8%   D.10%

40. 发动机活塞敲缸异响发出的声音是( )声。
    A."铛铛"   B."啪啪"   C."嗒嗒"   D."噗噗"

41. 对电机三相绕组进行绝缘检测的时候,( )。
    A. 电机外壳必须接地   B. 电机绕组不能绝缘检测
    C. 必须使用手摇兆欧表检测   D. 检测完毕之后要将三相绕组短接

42. 电机相间绝缘阻值的标准是多少?( )
    A. 大于0.5MΩ   B. 大于20MΩ   C. 大于100kΩ   D. 大于20kΩ

43. 直流电动机转子由( )组成。
    A. 转子铁心、转子绕组两大部分
    B. 转子铁心、励磁绕组两大部分
    C. 电枢铁心、电枢绕组、换向器三大部分
    D. 两个独立绕组、一个闭合铁心两大部分

44. 磷酸铁锂电池的单体电池标称电压是( )。
    A.3.0V   B.3.2V   C.3.5V   D.3.6V

45. 高压部件维修,必须( )。
    A. 进行绝缘检测   B. 断开动力电池母线
    C. 测量电机三相绕组   D. 拨开维修开关

46. 电动汽车蓄电池冷却液比较正常的容量是( )。
    A.1L   B.5L   C.8L   D.9L

47. 检查动力总成是否漏液是在( )。
    A.10000km 或6个月   B.20000km 或12个月
    C.40000km 或2年   D. 每个保养周期都要检查

48. 测量电机相间电阻,可以使用( )。
    A. 绝缘电阻测试仪   B. 万用表
    C. 毫欧表   D. 手摇兆欧表

49. 下列关于底盘系统的组成,不包括( )。
    A. 传动系   B. 行驶系   C. 转向系   D. 冷却系

50. 下列属于传动系统零部件的是( )。
    A. 离合器   B. 转向器   C. 制动器   D. 车桥

51. 行驶系统中不包含的是( )。
    A. 车架   B. 车轮   C. 悬架   D. 变速器

52. 离合器踏板自由行程范围为( )。
    A.5~10mm   B.10~15mm   C.15~25mm   D.25~35mm

53. 手动变速器主动齿轮与从动齿轮啮合间隙不超过( )。
    A.0.5mm   B.1.0mm   C.2.0mm   D.3.0mm

54. 关于十字轴万向节的检查表述错误的是( )。

A. 检查十字轴颈表面,应无沟槽或压痕

B. 检查十字轴油道,油道应畅通

C. 检查十字轴径向跳动量,应不超过1.0mm

D. 检查十字轴与轴承的配合情况,最大配合间隙应符合原厂规定

55. 差速器左、右轴承孔同轴度误差不得超过(　　)。

A. 1mm　　　　B. 0.1mm　　　　C. 0.01mm　　　　D. 0.001mm

56. 关于轮胎动平衡前的检查,不包括(　　)。

A. 轮胎表面　　B. 轮胎压力　　C. 轮辋异物　　D. 轮胎品牌

57. 根据《道路运输车辆综合性能要求和检验方法》(GB 18565—2001)的方法,转向盘的检测标准为最大转向力应小于或等于(　　)。

A. 100N　　　　B. 110N　　　　C. 120N　　　　D. 130N

58. 汽车车轮阻滞力进行制动力检验时,各车轮阻滞力均不应大于车轮所在轴轴荷的(　　)。

A. 8%　　　　　B. 9%　　　　　C. 10%　　　　　D. 11%

59. 关于真空助力器密封性实验,发动机运转后熄火,用同样的力踩下踏板数次,检查踏板剩余高度,应(　　)。

A. 保持不变　　B. 一次比一次高　　C. 一次比一次低　　D. 以上都不是

60. 关于驻车制动的描述,不正确的是(　　)。

A. 操纵杆必须有一定的储备行程,一般应在操纵杆全行程3/4以内产生最大的制动效能

B. 驻车制动系统必须能通过机械装置把工作部件锁住,手操纵时,乘用车不应大于400N

C. 驻车制动系统检查时只需要检查驻车制动操纵杆响声即可

D. 拉起驻车制动杆,检查响声,第5响应能在规定的坡道停住

61. 关于制动的检查内容描述,不正确的是(　　)。

A. 检查制动器安装状态是否牢固　　B. 检查制动管路是否有泄漏

C. 检查制动液排气孔是否脏堵　　　D. 检查离合器分离状态是否贴合

62. 手动变速器挡位故障不包括(　　)。

A. 飞挡　　　　B. 乱挡　　　　C. 卡挡　　　　D. 跳挡

63. 关于行驶跑偏可能的原因,不包括(　　)。

A. 前轮主销后倾角或车轮外倾角是否相等

B. 车辆后轮前束偏差是否过大

C. 车辆万向节转动是否灵活

D. 轮胎是否磨损不均或规格不同

64. 转向助力液压泵检查应符合标准,一般范围是(　　)。

A. 不低于6MPa,不高于15MPa　　B. 不低于5MPa,不高于20MPa

C. 不低于4MPa,不高于25MPa　　D. 不低于3MPa,不高于30MPa

65. 刮水器电机的工作速度有两种,即可供选择的速度是(　　)。

A. 快速刮水　　B. 慢速刮水　　C. 间歇刮水　　D. 快速或慢速

66. 电动车窗升降到极限位置后仍然没有释放开关,此时的电机是处于( )状态。
    A. 断路　　　　B. 过载　　　　C. 短路　　　　D. 卡住
67. 发动机转速表的功能是显示当前汽车( )。
    A. 发动机的曲轴转速　　　　B. 行驶里程
    C. 转速　　　　　　　　　　D. 行驶速度
68. 发动机控制系统存在故障,( )常亮。
    A. 制动警告灯　　　　　　　B. 燃油液位警告灯
    C. 发动机故障指示灯　　　　D. SRS 警告灯
69. 中控门锁系统的门锁控制开关用于控制所有车门锁的开关,安装在( )。
    A. 仪表板上　　B. 每个车门上　　C. 门锁总成中　　D. 驾驶人侧门内侧扶手上
70. 蓄电池电解液密度一般为( )25℃时。
    A. $1.14\sim1.24\text{g/cm}^3$　　　　B. $1.24\sim1.28\text{g/cm}^3$
    C. $1.28\sim1.38\text{g/cm}^3$　　　　D. $1.38\sim1.48\text{g/cm}^3$
71. 空调系统制冷性能测试时,鼓风机开关应处于什么位置?( )
    A. 关闭　　　　B. 开1挡　　　　C. 开2挡　　　　D. 开最大挡
72. 开空调时,鼓风机有高速无低速,可能原因是( )。
    A. 熔断丝坏　　B. 调速电阻坏　　C. A/C 开关坏　　D. 空调继电器坏
73. 使用电子检漏仪进行检漏时,其探头不得直接接触元器件或接头,并置于检测部位的( )。
    A. 上部　　　　B. 侧部　　　　C. 中部　　　　D. 下部
74. 电动车窗的( ),一般安装在左前车门控制台上,驾驶人操纵断开后,乘客对车窗的操纵不起作用。
    A. 车窗控制开关　B. 分控开关　　C. 锁止开关　　D. 主控开关
75. 当转向开关打到某一侧时,该侧转向信号灯亮而不闪,故障可能是( )。
    A. 闪光继电器坏　　　　　　B. 该侧的灯泡坏
    C. 转向开关有故障　　　　　D. 该侧灯泡的搭铁不好
76. 如果安全辅助气囊指示灯点亮或闪亮约6s(闪6下)后自动熄灭,表示安全气囊系统( )。
    A. 有故障　　　B. 正常　　　　C. 不正常　　　D. 功能失效
77. 需要将车厢灯开关设置为门控开关时,可将车厢灯开关移动至以下位置( )。
    A. ON　　　　　B. OFF　　　　C. DOOR　　　D. 不需要
78. 在使用花冠车身电器设备时,不需要打开点火开关操作有:( )。
    A. 前照灯　　　B. 转向信号灯　　C. 电动刮水器　　D. 电动车窗
79. 检查起动机电枢绕组换向器是否断路时,应采用( )进行检查。
    A. 电流表　　　B. 电压表　　　C. 欧姆表　　　D. 伏安表
80. 交流发电机的( )是产生交流电动势的。
    A. 定子　　　　B. 转子　　　　C. 铁芯　　　　D. 线圈

汽车维修检验工技能等级认定四级技能考核试卷(样卷)

注 意 事 项

1. 考试时间:100分钟。
2. 请首先按要求在试卷的标封处填写您的姓名、准考证号和所在单位的名称。
3. 请仔细阅读各种题目的回答要求,在规定的位置填写您的答案。
4. 不要在试卷上乱写乱画,不要在标封区填写无关的内容。

题 号	一	二	三	四	总 分
得 分					

得 分	
评分人	

一、发动机舱基本检查

1. 本题分值:30分
2. 考核时间:30min
3. 考核形式:实际操作
4. 具体考核要求:

(1)能正确使用工具仪器设备。

(2)按正确的操作规程就车检查。

(3)按正确的操作规程拆卸检查零部件。

(4)懂得查阅维修手册,分析检查情况。

(5)作业过程规范、安全、有序、整洁、合理。

5. 否定项说明:

若考生发生下列情况之一,则应及时终止其考试,考生该试题成绩记为零分。

(1)考生没按规定要求穿戴劳保用品。

(2)操作过程中出现严重违规操作。

(3)造成人身伤害或设备损坏。

6. 作业工单:

序号	操作步骤	作业内容	完成情况
1	作业前准备	准备工具、量具、设备	□已完成 □未完成
2	检查各种油液	检查机油、A/T油、制动油、动力转向油、离合器油(手动变速器)的油量、品质情况	□已完成 □未完成
		检查蓄电池的液位、端子的连接、腐蚀情况及电量	□已完成 □未完成
		检查冷却液、玻璃清洗液的液位	□已完成 □未完成
		检查空调冷媒量(观察孔)	□已完成 □未完成

续上表

序号	操作步骤	作业内容	完成情况
3	检查传动带	检查传动带有无老化、裂纹、松弛	□已完成 □未完成
4	检查空气滤清器	检查空气滤清器有无脏污、堵塞、损伤,清洁或更换	□已完成 □未完成
5	清洁整理	清理现场(5S管理)	□已完成 □未完成

得 分	
评分人	

二、检测汽缸体

1. 本题分值:30 分
2. 考核时间:30min
3. 考核形式:实际操作
4. 具体考核要求:
(1)能正确使用工量具仪器设备。
(2)按正确的操作规程检测该部件。
(3)懂得查阅维修手册,分析检测结果。
(4)作业过程规范、安全、有序、整洁、合理。
5. 否定项说明:
若考生发生下列情况之一,则应及时终止其考试,考生该试题成绩记为零分。
(1)考生没按规定要求穿戴劳保用品。
(2)操作过程中出现严重违规操作。
(3)造成人身伤害或设备损坏。
6. 作业工单:

序号	操作步骤	作业内容	完成情况
1	作业前准备	准备工具、量具、设备	□已完成 □未完成
2	检测汽缸体的变形	用棉纱和铲刀清洁缸体上下平面	□已完成 □未完成
		使用刀口尺和厚薄规检测缸体平面度:_____	□已完成 □未完成
3	修理汽缸体结合面(口述)		□已完成 □未完成
4	检查汽缸的磨损并确定修理尺寸	组装量缸表	□已完成 □未完成
		用外径千分尺校对量缸表	□已完成 □未完成
		测量汽缸直径(详见表1)	□已完成 □未完成
		确定汽缸的修理尺寸	□已完成 □未完成
5	清洁整理	清理现场(5S管理)	□已完成 □未完成

汽缸检测表

缸号:	上部		中部		下部		最大圆度偏差(取三截面中最大值)	圆柱度偏差	修理尺寸
测量项	横向	纵向	横向	纵向	横向	纵向			
实测值									

得 分	
评分人	

三、车轮动平衡检查

1. 本题分值:20分
2. 考核时间:30min
3. 考核形式:实际操作
4. 具体考核要求:

(1)能正确使用工具仪器设备。

(2)按正确的操作规程,进行动平衡测试。

(3)按正确的操作规程,安装平衡块。

(4)懂得查阅维修手册,分析检查情况。

(5)作业过程规范、安全、有序、整洁、合理。

5. 否定项说明:

若考生发生下列情况之一,则应及时终止其考试,考生该试题成绩记为零分。

(1)考生没按规定要求穿戴劳保用品。

(2)操作过程中出现严重违规操作。

(3)造成人身伤害或设备损坏。

6. 作业工单:

序号	操作步骤	作业内容	完成情况
1	作业前准备	动平衡机使用前检查	□已完成 □未完成
		清洁、检查车轮	□已完成 □未完成
2	动平衡检查	读取与输入车轮相关数值,轮辋边缘至机箱的距离 a 为_____;轮辋宽度数值 b 为_____;轮辋直径 d 为_____	□已完成 □未完成
		开始动平衡测试,记录测试结果:_____	□已完成 □未完成
		安装平衡块 记录安装克数:_____	□已完成 □未完成
		对车轮再次做平衡测试:是否合格□是 □否	□已完成 □未完成
3	清洁整理	清理现场(5S管理)	□已完成 □未完成

得 分	
评分人	

四、检修前照灯及元件

1. 本题分值:20分
2. 考核时间:30min

3. 考核形式：实际操作

4. 具体考核要求：

(1) 能正确使用工具仪器设备。

(2) 能正确查阅维修手册，读懂有关车型前照灯电路图。

(3) 按正确的操作规程就车检查前照灯有关零部件及其线路。

(4) 能正确地分析检测结果，判断故障部位。

(5) 作业过程规范、安全、有序、整洁、合理。

5. 否定项说明：

若考生发生下列情况之一，则应及时终止其考试，考生该试题成绩记为零分。

(1) 考生没按规定要求穿戴劳保用品。

(2) 操作过程中出现严重违规操作。

(3) 造成人身伤害或设备损坏。

6. 作业工单：

序号	操作步骤	作业内容	完成情况
1	作业前准备	准备工具、量具、设备	□已完成　□未完成
2	检测前照灯线路及元件	检查前照灯功能： 打开点火开关和前照灯开关，检查前照灯和仪表指示灯是否点亮（□正常　□不正常）	□已完成　□未完成
		检查前照灯的熔断丝或继电器的好坏 （□正常　□不正常）	□已完成　□未完成
		检查前照灯的灯泡是否损坏（□正常　□不正常）	□已完成　□未完成
		检查前照灯的连接器是否损坏（□正常　□不正常）	□已完成　□未完成
		检查前照灯的灯座是否损坏（□正常　□不正常）	□已完成　□未完成
		检查前照灯的开关是否损坏（□正常　□不正常）	□已完成　□未完成
		检查前照灯的电路是否出现断路、短路和搭铁不良现象。测量结果：＿＿＿＿＿＿	□已完成　□未完成
		验证结果	□已完成　□未完成
3	清洁整理	清理现场（5S管理）	□已完成　□未完成

参 考 文 献

[1] 林志伟,巫兴宏.汽车维修常用工量具的使用[M].北京:高等教育出版社,2023.
[2] 邱志华,张发.汽车传动系统维修工作页[M].3版.北京:人民交通出版社股份有限公司,2018.
[3] 李全.汽车维修质量检验[M].北京:高等教育出版社,2005.
[4] 宁德发.汽车维修工具、设备、诊断仪使用方法与技巧[M].北京:化学工业出版社,2020.
[5] 邱斌.汽车发动机机械维修[M].2版.北京:人民交通出版社股份有限公司,2021.
[6] 李清民.汽车底盘检测与维修[M].北京:人民交通出版社股份有限公司,2017.
[7] 陈社会.新能源汽车结构与维修[M].北京:人民交通出版社股份有限公司,2017.
[8] 全国汽车维修标准化技术委员会.纯电动汽车维护、检测、诊断技术规范:JT/T 1344—2020[S].北京:人民交通出版社股份有限公司,2020.